话说 内蒙古

巴彦淖尔

乌拉特后旗

赵维健　窦永刚 ◎ 编著

内蒙古人民出版社

图书在版编目 (CIP) 数据

话说内蒙古·乌拉特后旗/赵维健，窦永刚编著.—呼和
浩特：内蒙古人民出版社，2017.10
ISBN 978-7-204-15073-1

Ⅰ．①话… Ⅱ．①赵… ②窦… Ⅲ．①乌拉特后旗—
概况 Ⅳ．① K922.6

中国版本图书馆 CIP 数据核字 (2017) 第 281425 号

话 说 内 蒙 古 · 乌 拉 特 后 旗

HUASHUO NEIMENGGU WULATEHOUQI

丛书策划	吉日木图　郭　刚
策划编辑	田建群　张　钧　南　丁　王　瑶　贾大明
本册编著	赵维健　窦永刚
责任编辑	孙红梅　南　丁
责任监印	王丽燕
封面设计	南　丁
版式设计	朝克泰
丛书名题字	马继武
蒙古文题字	哈斯毕力格
出版发行	内蒙古人民出版社
地　　址	呼和浩特市新城区中山东路 8 号波士名人国际 B 座 5 楼
网　　址	http://www.impph.cn
印　　刷	内蒙古恩科赛美好印刷有限公司
开　　本	710mm×1000mm　1/16
印　　张	17.25
字　　数	260 千
版　　次	2021 年 1 月第一版
印　　次	2021 年 1 月第一次印刷
印　　数	1—1500 册
书　　号	ISBN 978-7-204-15073-1
定　　价	69.00 元

图书营销部联系电话：(0471) 3946267 3946269
如发现印装质量问题，请与我社联系。联系电话：(0471) 3946120 3946124

《话说内蒙古·乌拉特后旗》编撰委员会

主　任：图　门（乌拉特后旗旗委书记）

副主任：赵峻岭（乌拉特后旗旗委副书记、政府旗长）

　　　　闫晓云（乌拉特后旗旗委副书记）

　　　　格日乐图（乌拉特后旗旗委常委、政府副旗长）

　　　　白志忠（乌拉特后旗旗委常委、宣传部部长）

编　委：德格德　阿拉腾乌拉　杨青云　青格勒扎布　布图格奇

　　　　巴图苏和　袁忠利　霍建国　牧仁　张振华　色登

　　　　白利军　尚峰

《话说内蒙古·乌拉特后旗》编写组

主　审：白志忠

主　编：赵维健　窦永刚

编撰人员：陈满宏　李亚歧　辛建伟

摄　影：白志忠　包永利　乌汗毕力格　包长青

工作人员：李海源　杨冬青　嘎茹迪

总　序

　　内蒙古自治区是我国第一个省级少数民族自治地区。全区共划分为9个地级市、3个盟、2个计划单列市，下辖103个旗、县、市辖区，包括52个旗、17个县、11个盟（市）辖县级市、23个市辖区，首府呼和浩特市。

　　内蒙古东西直线距离约2400公里，南北跨度1700多公里，土地总面积118.3万平方公里。广袤的土地蕴含着丰富的自然资源：从东到西的森林、草原、沙漠等地形地貌，天然地形成了独特的旅游资源和动植物资源；丰富的煤、铅、锌、稀土、风力等矿产资源和清洁能源，为煤化工产业、有色金属产业、清洁能源产业的发展提供了支撑。内蒙古地跨"三北"（东北、华北、西北），毗邻八个省区，与俄罗斯、蒙古国接壤，国境线长达4200公里，有建成我国向北开放的重要桥头堡和充满活力的沿边经济带的天然区位优势。内蒙古依托于气候、优质土壤和草场、水源充足等优势，促进了农牧业的现代化发展。

　　这一方沃土，是北方少数民族生息和发展的中心地域，孕育了游牧文明、草原文化，在与农耕文化的不断碰撞中，相互融合，相互促进，共同谱写了中华文明的恢宏乐章。仰韶文化、红山文化是中华史前文化的一部分，战国时期赵武灵王着胡服、学骑射，两汉与匈奴交往、和亲，鲜卑建立了雄踞北方的北魏王朝，隋唐与突厥建立了宗藩关系，契丹民族建立了辽政权，蒙古民族创立了疆域广阔的大元王朝，明清与鞑靼、瓦剌等民族建立了藩属关系——历史上，北方少数民族或雄踞一方与中原交好，或入主中原建立政权，在不断风起云涌中铸就了内蒙古丰富、厚重的历史文化魂魄。进入近现代以后，内蒙古也走在抗敌御侮的前沿，为新中国的成立作出了巨大贡献。

　　这份丰厚的历史积淀当中，涌现了诸多杰出人物，他们或是一方霸主，统领一域；或是一代天骄，建万世之基；或是贤良能臣，辅助建国大业；或是时势英雄，救人民于水火；或是在各自领域内创造历史价值的名人雅士。这些人有耶律阿保机、成吉思汗、忽必烈、哲别、术赤、耶律楚材、乌兰夫、李裕智、尹湛纳希、玛拉沁夫、纳·赛音朝克图，等等。

物华天宝，人杰地灵。广袤的土地除了养育了一代代的草原人，也成就了它丰富的地域文化：马头琴音乐、呼麦、长调等民族音乐，好来宝、二人台、达斡尔族乌钦等曲艺，安代舞、顶碗舞等民族舞蹈，刺绣、剪纸、民族乐器制作、生活用具制作等传统工艺，蒙医药、正骨术等传统医药医术，婚丧嫁娶等礼仪习俗……在音乐舞蹈、民间艺术、文学史诗、传统医药、手工技艺、民俗风情等方面都取得了独有的成就。

悠久历史文化滋养下的内蒙古，在中国共产党的领导下，迈向新的历史征程。内蒙古自治区成立以来，党和国家一直重视内蒙古的发展，也给予各类政策和经济支持。内蒙古也不负众望，各项事业均取得了令人瞩目的成就：经济保持平稳增长，人民的生活水平不断提高；民主法治建设得到有效推动；建立了具有民族特色的教育体系，民族教育水平不断提高；民生改善工作成绩斐然；生态文明建设取得较大成就；四通八达的立体交通网，拉近了内蒙古与世界的距离……

纵观几千年历史，内蒙古在历史的长河中扮演了重要的角色，这不仅源于自然条件的得天独厚，也源于草原儿女的自立自强。虽然这片沃土上的民族大多以口耳相传的方式传承着自己的文化，但是仍有不少历史的碎片撒落在当地的史籍当中，这些史料汇集成册，将成为向世人介绍内蒙古的名片。为此，我们组织全区103个旗县（市辖区）的有关部门和专家学者，借助各地的丰富史料，把散见于各种资料中的人文历史、民俗文化、民间艺术、壮丽风光、当代风采、支柱产业等汇编在一起，编纂出一套能够展示内蒙古总体面貌、能够反映时代特色和文化大区风范的大型丛书——《话说内蒙古》，以展示我区经济发展、文化繁荣、民族团结、边疆安宁、生态文明、各族人民幸福生活的六大风景线。

一本书，一支笔，浓缩的仅仅是精华中的精华，不足以穷尽所有旗县（市辖区）的方方面面。若本书为你敞开一扇了解内蒙古之窗，那么，读万卷书不如行万里路，内蒙古将以最大的热情迎接你：

赛拜侬——

欢迎你到草原来！

序

在茫茫草原的深处，大自然鬼斧神工地勾勒出了一片线条粗犷、通透苍茫的神奇大地。依山而立的乌拉特后旗，在这里不动声色地向人们展示着这片土地独有的风雅和生机。

乌拉特后旗位于内蒙古自治区西部、巴彦淖尔市西北部，东与乌拉特中旗相邻，西邻阿拉善盟，南与杭锦后旗、磴口县毗邻，北与蒙古国南戈壁省接壤，国境线长195.25千米。全旗总面积2.5万平方千米，占全市总面积的38%，现辖3个镇、3个苏木、50个嘎查村。总人口6.5万人，其中蒙古族1.7万人，是一个以蒙古族为主体、汉族占多数的少数民族边境旗。

乌拉特，蒙古语，"能工巧匠"之意，源起于成吉思汗胞弟哈萨尔。清顺治五年（1648年），乌拉特部因征战有功，清廷论功行赏，将乌拉特三部改编为乌拉特前、中、后三旗，赐河套北部、阴山一带为驻牧之地。至此，乌拉特部从呼伦贝尔草原一路跋涉、辗转迁徙至阴山脚下。中华人民共和国成立后，行政区划几经变更。1981年9月，潮格旗更名为乌拉特后旗，政府所在地赛乌素镇。2004年，经国务院批准，乌拉特后旗政府所在地由赛乌素镇搬迁至巴音宝力格镇，乌拉特后旗从此掀开了崭新的一页。

乌拉特后旗地域辽阔，地形地貌独特。阴山山脉横亘东西，把全旗分为三个地形、气候迥然不同的地区，自然形成"南粮、北牧、中矿山"的自然格局。巍巍阴山蕴藏着丰富的矿产资源，是全国罕见的矿产资源富集区。阴山南麓是狭长肥沃的秀美粮川，引黄河水自流灌溉，盛产小麦、玉米、向日葵、瓜果蔬菜等，是重要的绿色农产品生产基地；阴山北麓是2.1万平方千米广袤草原，牛、羊、马、驼成群散养，盛产无污染绿色畜产品。

这里有7亿年前的巴音满都呼恐龙化石区，有极具考古和美术价值的阴山岩画，还有闻名遐迩的战国达巴图古城遗址、秦汉古长城遗址……多彩的草原文明和灿烂的农耕文化相互碰撞、融合，形成了极具民族特色、厚重博大的乌拉特文化。乌拉特后旗承载着历史的变迁与沧桑，一路浩歌奔向了激昂奋进的新时代。

进入新时代，乌拉特后旗充分发挥区位优势、资源优势和文化旅游优势，工业经济快速提升，项目建设如火如荼，民生工程硕果累累，城乡面貌日新月异，百姓幸福指数节节攀升，全旗经济社会各项事业蓬勃发展，呈现出一派经济繁荣、社会和谐的景象。

历史的车轮滚滚向前，站在时代的新起点，乌拉特后旗各族干部群众更加紧密地团结在以习近平总书记为核心的党中央周围，深入贯彻习近平新时代中国特色社会主义思想，统筹推进"五位一体"总体布局，协调推进"四个全面"战略布局，大力践行创新、协调、绿色、开放、共享的发展理念，开拓创新、团结奋进，努力把祖国北部边疆风景线打造得更加亮丽。

踏上新征程，我们信心百倍、豪情满怀，我们将继续发扬吃苦耐劳、一往无前的蒙古马精神，立足"保卫边疆、保护生态、保障民生、保持稳定"的战略定位，向着"绿色崛起、塞上江南"的美好愿景，向着全面建成小康社会奋斗目标努力拼搏，为实现中华民族伟大复兴的中国梦阔步前进。

乌拉特后旗作为全区103个旗县（市、区）之一，旗委宣传部组织人员精心编撰了《话说内蒙古·乌拉特后旗》。该书图文并茂，力求从不同角度介绍乌拉特后旗的历史脉络、文化传承、风景古迹、民俗民风、辉煌成就等内容。希望此书的出版，能让读者进一步了解、认识乌拉特后旗，见证乌拉特后旗干部群众顽强拼搏、艰苦奋斗，一心一意建设和谐家园的历程。

中共乌拉特后旗委员会书记 图门

乌拉特后旗人民政府旗长 赵峻岭

目录 Contents

1

民间故事 源远流长

北疆明星 时代风流

后记/262

远古天地　追寻沧桑

HUASHUONEIMENGGUwulatehouqi

远古天地　追寻沧桑

YUANGUTIANDIZHUIXUNCANGSANG

　　滔滔黄河，巍巍阴山，悠悠岁月造就了塞外璀璨明珠——乌拉特后旗，河套沃野与乌拉特草原交辉，展示出一幅壮美的北疆画卷。

远古天地

她从远古走来，
阴山赋予她无畏的气概，
黄河见证她博大的情怀，
她在与时俱进奔向未来。

当经历了太古代、元古代等的多次地质构造运动的漫长时光，由于当时亚洲北部西伯利亚古陆向我国华北古陆挤压，地球发生了环绕华北古陆的东西向构造运动，地质学上的阴山构造带的雏形形成。乌拉特地区原始古陆也逐步形成并不断发展。在距今18亿至6亿年前，乌拉特地区进入了一个新的地质运动时期，受强烈的吕梁造山运动的影响，华北古陆向北挤压，西伯利亚古陆仍向华北古陆挤压扩张，在古陆边缘地带产生破裂，来自华北沉降带燕辽海域的海水由东向西侵入，形成了东西向的条带式原始海

原角龙

古生代出现的海生无脊椎动物

洋，古地理学称为"阴山海峡"。阴山海峡是我国北方著名的原始海洋，长约1000千米，宽50~100千米，最大海深约200米，水温20℃左右。它的东端与燕辽海相连，西端与贺兰海相接，南岸为鄂尔多斯古陆，北岸为内蒙古古陆。乌拉特地区大部为一片汪洋，海洋孕育了原始生命。当代在阴山地区发现最古老的单细胞、多细胞的菌藻类化石，说明距今18亿年前出现了最古

古生代出现的蕨类植物、裸子植物

老的生命，蓝藻、绿藻类生物的生长繁衍为单调的海域增加了色彩。

到古生代初期，距今6亿至4.4亿年前，随着阴山古陆的隆升，阴山海峡消亡，阴山陆台与鄂尔多斯古陆相连。

到古生代末期至中生代末期，距今2.25亿至7000万年前，受全球性海西造山运动的影响，阴山陆台及鄂尔多斯陆台再次隆升，加上燕山运动的巨大影响，阴山地块再度强烈上升，并形成东西向的褶皱山脉，也就是古阴山山脉雏形。同时，由于阴山山脉强烈隆起，乌加河至太阳庙一带的山前凹地开始断裂，河套盆地急剧下沉，堆积了巨大厚重的第三纪沉积物，因当时气候干燥炎热，沉积物成为氧化的红色地层，含

盐量较高。

新生代第三纪时期，距今约2500万年前，受喜马拉雅运动的强烈影响，阴山山脉与鄂尔多斯陆台不断崛起，山间盆地凹陷，阴山被分为数段，由西向东为狼山、色尔腾山、乌拉山。阴山西段因受旋扭构造的影响，东西向的狼山变成了弧形。

新生代第四纪更新世时期，距今约300万年前，在新构造运动的影响下，阴山山脉持续上升，逐渐形成了如今海拔2000米以上的雄伟山脉，其中，乌拉山大桦背海拔2322米，乌拉特后旗狼山主峰巴什喀海拔2365米。河套盆地的下陷中心在陕坝一带，呈东北走向。大量洪水倾注，这里沉积了厚厚的湖积物。经过新生代第三纪和第四纪沉淀的土壤土层较厚，适宜发展农牧业。当时，盆地周围是以针叶林为主的针叶阔叶混交林和草原，动物有羚羊、淡水软体动物等。

距今约160万年前，青藏高原在一次猛烈的抬升运动中突然山崩地裂，板块边缘发生断裂褶皱，形成阶梯状地貌，将分散的众多湖泊汇集成巨大河流，河流霎时奔腾而下，惊天动地，一泻千里，最终流入银川盆地，呈扇形分布。更新世末期，河套断陷缓慢上升，湖盆边缘的河流逆源侵蚀，将乌兰布和盆地、后套盆地、前套盆地以及区外盆地连接起来，在阴山南麓形成串珠状的黄河河道。

全新世时期，距今约1.2万年前，阴山南麓黄河开始沉积，湖积层上普遍覆盖着黄河冲积层，厚约60米，以亚砂土、亚黏土和中细砂、粉砂互层为主。这个时期，气候干燥，山前洪积物迅速堆积，形成洪积扇群，并逐步连成山前洪积平原。山前洪积平原与黄河冲积平原在发展过程中相连，形成后套平原和三湖河平原。

1.2万年前至今，乌拉特地区气候干燥少雨，寒暑变化明显，地表植被稀疏，机械风化作用强烈，在

中生代出现的爬行动物——恐龙（一）

中生代出现的爬行动物——恐龙（二）

地貌发育过程中，风的作用显著，昔日河湖冲积物往往被风蚀成洼地，流水汇入洼地，形成湖泊和湿地，同时，由于风积作用，在平原上形成小片沙丘。

乌拉特地区经历了漫长的变迁，由于强烈的造山运动，高山从大海中隆起，草原在低谷间伸展，河流自由流淌。低等生物演化成更高一等的生物，大森林生生灭灭，煤炭、石油、铁矿、铜矿、金矿等矿藏逐渐形成。在乌拉特后旗出土的树化木（硅化木、木化石）形成于5000万年到1.5亿年以前。

据古生物化石考古记录可知，乌拉特地区至少已有18亿年的生命发展史。元古代中期阴山海峡孕育了菌藻类生物，古生代出现无脊椎动物、蕨类植物、裸子植物，中生代出现古脊椎动物——鱼类、爬行动物（恐龙等），新生代出现哺乳动物、被子植物。新生代第四纪时期，古人类出现了，乌拉特地区的历史进入新的发展阶段。

前2世纪时，后套西部平原南冲积扇上部停止发育，北冲积扇下部河道发育，黄河主河道的位置与现代不同，它位于河套平原北部的阴山山前，向东流淌。6世纪，后套平原西部北冲积扇上黄河河道向东移，在东部平原上黄河分为南北两个支流，黄河主流仍位于河套平原北部山前。18世纪，黄河主河道南移至河套平原南部。19世纪中叶，"北河"淤塞，向南改道，现代黄河形成。

远古先民

阴山岩刻

据考古发现和考古学家的研究，旧石器时代早期（距今约70万至10万年前），内蒙古西部地区就有人类活动；旧石器时代晚期（距今约5万至1万年前），阴山山脉南北已有人类的祖先居住。乌拉特中旗呼勒斯太苏木境内发现了1万年前人类的石器制造场遗址，乌拉特后

阴山岩刻五虎图

旗达拉盖山口东侧也有一处约有1万年历史的旧石器时代遗址。

我国早期的文献中就有关于内蒙古西部地区古代北方民族活动的记载，而且，中原地区的华夏族也开始与北方民族交往并进入河套、阴山地区。春秋战国时期，匈奴于阴山地区崛起，称雄北方草原，之后有鲜卑、回鹘、党项、突厥、蒙古等民族先后游牧于阴山南北。乌拉特地区在漫长的发展进程中逐步形成。

在这片神奇的土地上，居住着蒙古、汉、回、满、达斡尔等十几个民族。早在原始社会，我们的祖先就在这里繁衍生息、辛勤耕耘，创造了光辉灿烂的河套文化。长期以来，各族人民共同开发建设乌拉特，农耕文明与游牧文明的融合造就了乌拉特人民勤劳勇敢、朴实豪放、团结向上、海纳百川的个性。

匈奴发祥地

今乌拉特草原及阴山南北地带，在远古夏、商至春秋时期，生活着山戎、荤粥、渠搜、土方、鬼方、昆夷、猃狁等游牧民族。这些民族常常与相邻的中原国家或其他民族发生战争，在不断地联合作战和接触过程中，各民族间逐渐融合演变，形成了一些较强大的部落联盟，匈奴即其中之一。

《史记·匈奴列传》云："匈奴，其先祖夏后氏之苗裔也，曰淳维。"也就是说，匈奴原是夏人的后代，"淳维"是匈奴的始祖名。《史记索隐》记述："张晏曰：'淳维以殷时奔北边。'又乐产《括地谱》云：'夏桀无道，汤放之鸣条，三年而死。其子獯粥妻桀之众妾，避居北野，随畜移徙，中国谓之匈奴。'其言夏后苗裔，或当然也。故应劭风俗通云：'殷时曰獯粥，改曰匈奴。'又服虔云：'尧时曰荤粥，周曰猃狁，秦曰匈奴。'韦昭云：'汉曰匈奴，荤粥其别名。'则淳维是其始祖，盖与獯粥是一也。"就是说，原本活动在今乌拉特地区的荤粥、猃狁等部族都曾是匈奴的先世。

中国古代称北方民族为"狄"，西方民族为"戎"，泛称北方和西方的少数民族为"胡"。战国时期，中原地区七雄并立，北方少数民族部落联盟也强大起来，并常常向周边国家发动进攻。今河套地区属赵国的云中郡九原县地，赵武灵王（前318—前303年在位）为抵御外侵，一方面认识到北方少数民族骑马作战的优点，实行"胡服骑射"，另一方面"筑长城，自代并阴山下，至高阙为塞"（《史记·匈奴列传》）。其修筑的长城

乌拉特后旗达巴图古城遗址（一）

在今乌拉特前旗、乌拉特中旗、乌拉特后旗（以下简称"乌拉特三旗"）境内，分南北两线：南线在今乌拉山南麓，西至今乌拉特前旗蓿亥乡一带；北线自小佘太镇境内的王如地村至查石太山系的马鬃山

乌拉特后旗达巴图古城遗址（二）

北坡绵延向西，越狼山今乌拉特中旗地段，进入今乌拉特后旗呼和温都尔镇那仁乌布尔嘎查北大坝图沟口，"至高阙为塞"。赵武灵王建立了九原城（今包头市九原区麻池镇一带），这是内蒙古地区建立最早的城镇之一，当年赵国和北方少数民族常常在这一带开战。

到战国末年，生活在阴山南北的匈奴民族日渐强大，一个名叫头曼的匈奴部族首领在今河套五原县西北一带设立了匈奴最高权力中心单于庭，大约在今乌拉特中旗乌加河北的阴山南麓。前221年，秦始皇兼并六国，建立了统一的秦王朝。之后不久，匈奴首领冒顿取得政权，称冒顿单于，他乘中原地区楚

匈奴军队

汉相争之机，出兵征服了东边的东胡，西边的月氏，南边的楼烦、白羊，北边的丁零等少数民族部落，一时"控弦之士三十余万"，控制了长城以北广大地区，建立了中国历史上第一个与中原王朝抗衡的少数民族国家。匈奴的政治军事中心单于庭仍设在今河套地区五原县西北一带，其军事活动中心即在今乌拉特三旗境内的阴山一带及以南河套更广阔的地区。这里有阴山屏障，北连漠北草原，南接河套沃野，军事上宜攻宜守，战争一旦失利，即可率部逃往漠北；而且，黄河流经这里，水草丰美，飞禽走兽又多，是匈奴人游牧和狩猎的理想家园。

从战国末年到秦汉，占据阴山南北及河套广大地区的匈奴与中原王朝之间战争不断。在匈奴势力最为强大的时期，汉高帝七年（前200年），匈奴大败汉军于平城（今山西省

匈奴单于金冠

大同市东北一带)，将汉高祖刘邦困于城东白登山七天之久。最后，刘邦通过贿赂匈奴单于阏氏才得以突围。之后，刘邦不得不忍辱向匈奴求和，屡次把宗室女子嫁给匈奴单于，并赠送大宗物品，以求息兵修好。

在漫长的岁月中，游牧于阴山南北的匈奴在这里创造了灿烂的文化，成为河套文化的一个重要组成部分。今天尚存的许多阴山岩画就是匈奴人所作的，反映了匈奴人的意识及生活。

历史上，匈奴与中原王朝之间战争频发，但相互间的经济和文化交流始终没有中断，常常互通关市，进行经济文化交流，这对促进民族融和及各民族经济文化的发展起到了重要作用。

匈汉战争及古城塞

匈奴兴起之后，与中原王朝形成了对立的局面，也对中原王朝构成了极大的威胁。

秦始皇三十三年(前214年)，"秦已并天下，乃使蒙恬将三十万众北逐戎狄，收河南。筑长城，因地形，用制险塞，起临洮，至辽东，延袤万余里。于是渡河，据阳山，逶蛇而北。"(《史记·蒙恬列传》)秦始皇统一中国后，遣大将蒙恬北逐匈奴，收复了"河南"。当时黄河干流沿阴山之麓流淌，这里所说的"河南"，包括今河套及鄂尔多斯广大地区。蒙恬大军渡过黄河，占领了阳山(今称阴山)及其以北地区，即包括今乌拉特三旗阴山南北地区。秦始皇所筑"延袤万余里"的长城，就是西起临洮(今甘肃省岷县)、东至辽东的秦万里长城，中段的长城从今乌拉特三旗境内的狼山向东，直插大青山北麓，继续向东至今集宁区、兴和县。之后，秦设置44个县城(一说34县)，置郡县管辖占领之地，还修建秦都咸阳北接河套地区的"直道"，直通九原郡治所。今巴彦淖尔市阴山以南地区属秦九原

匈奴人骑马铜像

匈奴青铜剑

乌拉特后旗境内秦长城遗址

郡，今乌拉特前旗位于九原郡中部，今乌拉特中旗、乌拉特后旗部分地区为秦北假之地，阴山以北为大漠。《史记·匈奴列传》、郦道元《水经注》中记载："自高阙以东，夹山带河，阳山以往，皆北假也。"秦长城由今内蒙古境内蜿蜒向东延伸，进入今河北围场境内，与战国燕长城相接，大体上是秦朝与北方各族的疆域分界线。秦末，中原爆发农民起义，戍边秦军南下镇压农民起义军，匈奴乘机夺回高阙、阳山、北假等战略要地，渡过黄河，重新占据了"河南"。

前206年，刘邦称帝，建立汉朝。汉初，国力较弱，强大起来的匈奴不断向汉朝领地发动进攻。直到汉武帝时代（前140—前87年在位），国力强盛，汉王朝开始对匈奴发动一系列战争，汉武帝遣将军卫青、霍去病先后三次远征匈奴，迫使匈奴单于庭从阴山以南迁至漠北。卫青第二次出战时，"将六将军，十余万人，出朔方、高阙击胡"（《史记·匈奴列传》），此次战争就发生在今乌拉特三旗境内的阴山一带。汉军击败匈奴之后，收复了阴山南麓今乌加河旧道，设朔方郡，治所在三封（今磴口县陶升井麻弥图古城），辖境相当于今河套西北部及后套地区；修缮秦朝蒙恬所筑的长城以巩固关塞。这段长城因汉朝维修延用，故又称"秦汉长城"。

汉朝夺取河套地区后，在阴山以南，分别设置了五原郡和朔方郡，将势力范围沿阴山南麓向西推进到今乌兰布和沙漠北部，屯田耕守。今乌拉特三旗阴山以南地区当时分属五原、朔方二郡，漠北草原

乌拉特后旗境内汉外长城遗址（一）

仍为匈奴活动区域。

汉武帝元封元年（前110年），汉武帝北巡，从昆都仑河山口入阴山，出长城登单于台（今乌拉特后旗境内），至朔方，临北河（乌加河）。"勒兵十八万骑，旌旗径千余里，威震匈奴。"（《汉书·武帝纪》）

《汉书·武帝纪》记载：汉太初三年(前102年)，汉武帝"遗光禄勋徐自为筑五原塞外列城，西北至庐朐。游击将军韩说将兵屯之。强弩都尉路博德筑居延"。"塞外列城"即徐自为在五原郡塞外所筑的长城，近处几百里，远到千里之外，都筑有城、障、列亭，由游击将军韩说、长平侯卫伉率兵驻守。由于这条长城建在五原郡、朔方郡以外的地方，故简称"外城"。

后经考古学家考证，汉外长城有并列的两条，分南线和北线，在乌拉特草原上，这两条近乎平行的长城向西北方向延伸，相对垂直间距为10～80千米。南线长城由今包头市达尔罕茂明安联合旗新宝力格苏木向西延伸，进入乌拉特中旗新忽热苏木东北20千米处，总体沿西北方向，经巴音乌兰苏木的乌兰呼热，过川井镇，经沃博尔呼热和阿尔呼热入乌拉特后旗巴音前达门苏木境内，经潮格温都尔镇西北境，入蒙古国境内，在乌拉特草原长约300千米。北线长城由今包头市达尔罕茂明安联合旗红旗牧场向西北延伸，进入乌拉特中旗巴音乌兰苏木的巴音圐圙东37千米处，沿西北方向经敦达乌苏，转西经巴音杭盖苏木、过伊很查干嘎查入乌拉特后旗境内，经巴音前达门苏木巴音查干向西南入潮格温都尔镇，又转向西北，经沙尔扎塔、呼伦陶力盖西北，入蒙古国境内，在乌拉特草原长约280千米。

两条汉外长城上与长城附近筑有若干座城障塞亭及烽燧，乌拉特后旗境内小的塞亭及烽火台遗迹多处可见，其中较著名的城障有朝鲁库伦古城、哈那古城、青库伦古城。

朝鲁库伦（"库伦"即"圐圙"的异称），汉语意为"石头城"。朝鲁库伦古城在今乌拉特后旗潮格温都尔镇西尼乌素嘎查境内，是一座汉代石筑城塞，距汉外长城南线石筑长城约0.5千米，古城内有一座较大的块石砌筑的烽火台。古城基本呈方形，四面城墙长126～128米，今南城墙基本保存完好，墙基宽5.5米，墙顶宽2.5米，城内筑有马道，有数座房屋遗迹。通过对城内采集到的青铜箭镞、铜渣及小坩埚、铁器、绳纹板瓦和筒瓦片、糜子及马牛羊骨等物件分析得

乌拉特后旗境内汉外长城遗址（二）

朝鲁库伦古城内石砌房屋遗址

知，此为汉代古城无疑。2012年，经专家考证，朝鲁库伦古城可能是宿房城，后曾被西夏利用，也可能是当年成吉思汗征西夏时的攻克之地。

哈那古城位于今乌拉特后旗巴音前达门苏木阿布日勒图嘎查境内，在汉外长城南线以南300米处，四面环山，南有河槽，墙体为夯筑，夯层清楚，墙体南北长136.7米，东西宽133米。南墙中央设有城门，门外设有马蹄形瓮城；北墙为夯筑墙体，残高2米，其墙体是西夏

哈那古城上夯层清晰可见

沿用补筑的。除南墙外，西墙、北墙有登城踏道。城内地表发现大量汉代的红色和灰色陶片及西夏时期的黑釉缸陶片，西北方向约500米山头上有烽燧，东南方向约200米处有座烽火台，据当地牧民说，20年前北墙高度和宽度均在3米以上，近年风蚀严重，已有部分墙体消失。

青库伦古城在今乌拉特后旗潮格温都尔镇境内，距汉外长城南线约50米。

另有乌兰库伦古城、再根胡图克库伦古城、乌力吉高勒城障、蓿亥古城，也都在今乌拉特后旗潮格温都尔镇境内。

呼韩邪单于与昭君出塞

汉代时，汉武帝曾三次派兵北击匈汉，匈奴力量大大削弱。汉宣帝时，匈奴贵族内部争夺权力，势渐衰落。汉宣帝五凤元年（前57年），匈奴出现五个单于分立的局面，他们相互攻打不休，最后头曼单于的第八代孙呼韩邪单于（稽侯珊）取胜，得到单于权位。不料其兄自称郅支单于，又举兵攻打呼韩邪单于，将呼韩邪赶出单于庭。呼韩邪单于为形势所迫，不得不率部南逃，投奔西汉王朝，亲自朝见汉宣帝，以求支持和保护，由此揭开了"胡汉和亲"的历史篇章。

《汉书·匈奴传》载：竟宁元年（前33年），呼韩邪"单于复入朝，礼赐如初，加衣服锦帛絮，皆倍于黄龙时。单于自言愿婿汉氏以自亲。元帝以后宫良家子王嫱字昭君赐单于。单于欢喜，上书愿保塞上谷以西至敦煌，传之无穷，请罢边备塞吏卒，以休天子人民"。

西汉王朝答应呼韩邪单于的要求，同意王昭君出塞和亲，这是当时汉匈双方政治上的一件大事。汉元帝为纪念这次和亲，改元为"竟宁"，意为和平安宁。呼韩邪单于把昭君封为"宁胡阏氏"，即安宁匈奴的皇后。

昭君是通过鸡鹿塞进入今乌拉特后旗境内抵达漠北单于庭的，也有学者认为，是通过今乌拉特中旗境内的乌不浪山口进入漠北草原的。

民间传说昭君原是天上的仙女，下嫁单于是为平息汉匈干戈。出塞时，昭君和单于走到黄河边，只见朔风怒号，沙尘暴起，迎亲队伍只好停下来，昭君弹起她心爱的琵琶。顿时风和日丽，冰雪消融，万物复苏。远处的阴山变绿了，河水变清了，无数百灵、喜鹊在昭君和单于的马队头顶上飞翔和啼叫，单于和匈奴人民见状高兴极了。后来，昭君和单于走遍了阴山山麓和大漠南北，昭君走到哪里，哪里就水草丰美，人畜两旺，走到缺水草的地方，昭君用琵琶一划，地上就出现了一条玉带似的河流和绿茵茵的嫩草。

昭君出塞为中国农耕、游牧两大经济区的交流做出了重要贡献。她带去了大量的物资和工匠，还带去了五谷种子，把中原农业生产技术带到了塞外，她还给塞外人民带去了医药技术，发明了"昭君套"等新式服装，甚至匈奴妇女用胭脂化妆的技术相传也是昭君传授的。所以，昭君在匈奴人民心目中是一位无所不能的幸福女神。以昭君出塞为代表的和亲也让匈奴地区的经济和社会生活发生了重大的变化，汉地的铁器、铜器、陶器、缯絮（用缯帛、丝绵做成的衣服）、金银和各种生产生活用品大量流入匈奴。

同时，汉地也得到了迫切需要的牲畜、畜产品和狩猎产品，昭君出塞促进了西汉与匈奴的融合与经济发展。昭君与匈奴单于、贵族和谐相处，获得了匈奴人民的尊敬。从此，出现了汉匈和好、民族和睦相处的局面，昭君出塞对后世产生了深远的影响，昭君也因此受到了历代人民的称颂。

这期间，汉外长城作为汉朝重要的军事设施，只在烽火台保留少量哨兵。东汉班固《汉书·匈奴传》中记载："是时，边城晏闭，牛马布野，三世无犬吠之警，黎庶亡干戈之役。"意思是塞外边城的城门关闭，原野上牛马成群，几代人生活安宁，连犬狗的吠叫警醒声都听不到了，老百姓也不用拿起武器去打仗了。河套、阴山一带呈现

董必武为昭君墓题诗

董必武题诗碑

薄一波参观青冢留墨

一派和平安宁的局面。

昭君出塞促进了民族团结，沟通了民族感情，发展了民族友谊。历代文人墨客对昭君出塞多

邓拓诗意评价王昭君

有评说，唐代诗人张仲素的《王昭君》诗曰："仙娥今下嫁，骄子自同和。剑戟归田尽，牛羊绕塞多。"1963年，时任国家副主席董必武题写《谒昭君墓》："昭君自有千秋在，胡汉和亲识见高。词客各抒胸臆懑，舞文弄墨总徒劳。"给予昭君高度的评价和赞扬。1964年，著名新闻工作者邓拓诗意评价昭君："初入汉宫待命，便报单于纳聘。不负女儿身，远和亲。塞外月圆花好，千里绿洲芳草，巾帼有英才，怨何来。"1979年，老一辈无产阶级革命家薄一波参观青冢（昭君墓）留墨："佳人佳事，千古流传。蒙汉团结，友谊永存。"

隋唐、西夏对阴山地区的统辖

魏晋南北朝时期，群雄争霸，战事频发，北方突厥崛起。突厥本是铁勒的一支，后成为柔然的种族奴隶，被迫迁居金山（今阿尔泰山），为柔然奴隶主锻铁、制造武器，被称为"锻奴"。

546年，突厥首领阿史那土门打败并合并了铁勒各部5万余落，力量不断壮大。552年，突厥打败柔然，占据漠北，阿史那土门自称伊利可汗，牙帐（政治军事中心）设在于都斤山（杭爱山），以漠北为中心建立起疆域辽阔的突厥汗国。

隋开皇一年（581年），隋朝统

一中国，北部边境线在阴山之北约200千米处。为防备突厥，在土默川地区设榆关总管，在河套地区设丰州（今五原县西土城子古城），丰州下属两县，主要驻扎军队。隋开皇二年（582年），突厥被隋朝打败，分裂为东、西突厥，大体上以金山为界，西突厥统治金山以西及中亚一带，东突厥统治原突厥汗国东部漠北地区。

隋末唐初，正是雄踞中国北方的东突厥强大时期。唐立国初(618年)，漠南阴山地区为突厥占据，东突厥不时进攻唐朝统治区。突厥颉利可汗的牙帐设在五原之北，占据高地，可俯瞰今乌拉特地区的阴山北部。贞观四年（630年），唐太宗派六路大军进攻突厥，其中一路出大同道（今乌拉特前旗古大同城）北上，兵部尚书李靖在阴山大破突厥，颉利可汗被俘，东突厥政权灭亡，突厥部众近10万人归附唐朝，唐朝的疆域扩展到大漠以南。此后50余年，东突厥统一于唐王朝。

东突厥灭亡后，大漠以北的薛延陀、回纥、仆固、拔野古等部落相继归附唐朝，整个蒙古高原并入唐朝版图，各部落首领尊称唐太宗为"天可汗"。为了方便少数民族首领到长安朝拜唐朝皇帝，唐朝开辟了从䴙鹈泉（位于今乌拉特后旗北境）通往漠北的一条大道，名曰"参天可汗道"。沿途设18处驿站，以便利往来使者。太宗表示："自古皆贵中华，贱夷狄，朕独爱之如一，故其种落皆依朕如父母。""参天可汗道"的开辟，有利于加强唐王朝的中央集权，同时方便了商旅往来，促进各民族相互交流，促进统一多民族国家的发展。

此后，辽、金、西夏时期，今乌拉特地区以北为辽中京道，以东为辽西京道，以西则为西夏领地，今乌拉特地区属西夏。西夏在今乌拉特前旗设安北路，以抵御辽朝，并在河套北、黑山（又称午腊蒻山、牟那山，今称乌拉山）一带以南驻军7万人，置黑山威福军司。有的学者据《西夏地形图》，认为黑山威福军司应驻在阴山山脉狼山口附近，此地可能就是蒙古攻夏必经的兀拉海城。

金灭辽后，改辽之西京道为西京路，汪古部驻牧守边，防守北部蒙古，今乌拉特地区仍为西夏属地。

成吉思汗与兀拉海城

1205年始，成吉思汗开始进攻西夏，前后发动了6次战役。

1207年秋，成吉思汗第二次进攻西夏的第一个目标是西夏的兀拉海城（又称兀剌海城、斡罗孩城），斡罗孩是党项语，"长城中通道"之意。

面对蒙古军的进攻，数万夏兵防守偌大一个城堡，西夏又调右厢诸路军十几万人支援。成吉思汗见夏国兵势尚盛，故"不敢骤进，逾五月，粮匮引还"（《西夏书事》），于1208年3月主动撤军了。

1209年3月，成吉思汗再度出兵。《西夏书事》中载："三月，蒙古兵入河西……先举兵出黑水城北，由兀拉海关口入河西……夏四月，兀拉海城降。蒙古兵围城，丰州人谢睦欢劝守将出降，太傅西璧氏率兵巷战，被俘。秋七月，破克夷门。"成吉思汗由此南下，包围了中兴府，引水淹城，借夏主纳女求和之机，同意退兵议和。

1226年2月，蒙古军再次进攻西夏，分兵两路：一路自畏兀儿境东进；另一路由成吉思汗率领，从漠北南下，沿黑水、兀拉海诸城（在乌拉山一带较为合理），进至贺兰山。黑水即今达尔罕茂明安联合旗艾不盖河。成吉思汗进至贺兰山，而后与西路军会合，围攻夏都中兴府。1227年6月，西夏京畿地区发生强烈地震，房屋倒塌，瘟疫流行。7月，成吉思汗病故于军中，秘不发丧。西夏末帝献城投降，西夏灭亡。

由此可见，兀拉海城与成吉思汗有着千丝万缕的联系，无论是在狼山隘口，还是在乌拉山一带，乌拉特草原上留下了一代天骄驰骋疆场的足迹。

相传，1227年成吉思汗再度率兵亲征西夏时，路经阴山(今乌拉山)，远眺草木繁茂的河套，曾这样赞叹道："这地方真美呵！国破家亡之日，可在这里谋求复兴；和平兴旺之世，可在这里定居发展；饥饿的梅花鹿，可在这里生息繁衍；耄耋老人，可在这里颐养天年。"（《蒙古黄金史》）

1234年，蒙古灭金，今乌拉特地区及阴山以南整个河套地区便成了蒙古汗国的势力范围。

1271年，蒙古建国号大元，河套阴山南北地区均无建置，今乌拉特阴山以南地区属大同路遥领，阴山以北地区属德宁路遥领。

明朝初期，阴山南被明廷正式称为"河套"。今乌拉特地区属东胜卫遥领，隶山西统领。后被漠西蒙古瓦剌部所据，而后，土默特蒙古部由土默川向西扩张，今乌拉特地区为蒙古土默特万户多罗土绵部属地，明末属蒙古林丹汗领地。不久，林丹汗率众西迁青海，阴山南北成为无人管理的空虚地带。

清顺治五年(1648年)，这片土地被清廷封给了从战有功的蒙古乌拉特部，由此改编而设置乌拉特三旗。这片当初匈奴民族的发祥之地

成了蒙古乌拉特部的家园，成为乌
拉特三旗的领地，也便有了集部
名、旗名与地名为一体的名字——
"乌拉特"。

历史沿革　风云跌宕

HUASHUONEIMENGGUwulatehouqi

历史沿革　风云跌宕
LISHIYANGEFENGYUNDIEDANG

拨开历史的烟云，由近及远，我们仍能隐约感受到阴山下、古道旁的那些厚重历史的光影。达巴图古城坚硬的石墙静卧在阴山的臂弯里，诉说着乌拉特后旗古老的文化。

乌拉特部

乌拉特部是历史悠久的蒙古部落之一。乌拉特，蒙古语，意为"能工巧匠"。《蒙古源流》中记载：金汪古部第三代首领囊古特乌兰昌贵(镇国)被擒后，因其精于手工技艺，获"斡然"头衔。"斡然"即"巧""工匠"之意，音转"乌拉"则为"能工巧匠"之意；加上名词格复数"特"，则是"能工巧匠的聚集"。这就是"乌拉特"以及"乌拉特部"名称的由来。

乌拉特在汉文史籍中又有乌喇特、乌拉忒、吴喇忒、吴拉忒等不同译称，属科尔沁部的一个分支。成吉思汗弟哈萨尔后裔第十五世孙布尔海游牧呼伦贝尔，称所部为"乌拉特"。

1206年，成吉思汗征服蒙古高原各部后，在斡难河源建立蒙古帝国。建国后，成吉思汗打破原有的

氏族部落系统，建立千户制度，把基本军事单位和地方行政单位融为一体，将拥护自己的部落分属以亲族、驸马、功臣为首的千户，再把被征服的各部百姓分配到各千户，使他们脱离氏族部落，原有部落间的界限从此消失，各部百姓逐渐成为蒙古国的百姓。当时，成吉思汗

哈萨尔画像

弟哈萨尔分得4千户，以呼伦湖周围及额尔古纳河、海拉尔河流域为领地。成吉思汗统一漠北后，将西起突厥语部落乃蛮故地，东至额尔古纳河流域以及外兴安岭这一地域分给哈萨尔。1307年，哈萨尔第五世孙巴布沙受封为"齐王"。

1368年，元朝被朱元璋农民起义军推翻，蒙古贵族退居蒙古高原，仍保持自己的政权，史称"北元"。明朝建立之初，曾经多次出兵扫荡大漠，特别是1388年明军在捕鱼儿海（今贝尔湖）战役中沉重打击了蒙古大汗的直属部队，使蒙古汗廷倾覆。北方各游牧部落曾一度远遁漠北，塞外及东北地区形成一个空虚的缓冲地带。

漠北蒙古分裂为东、西两大部，分属东、西蒙古两大政治、军事集团，明称"鞑靼"和"瓦剌"。蒙古由此陷入封建割据、长期内战的局面。1389年起，明朝在东北地区脑温江（今嫩江）等流域设立兀良哈三卫等多处羁縻卫所以及奴儿干都司，辖区幅员辽阔。随着蒙古势力的逐渐南下，除兀良哈三卫存在到明末，其他卫所都逐渐消亡了。

15世纪中叶，在漠北的哈萨尔后裔统治下的部众，仍在外兴安岭、石勒喀河和额尔古纳河流域一带游牧，这一地域的哈萨尔后裔以"科尔沁"为总的部号。

乌拉特三旗

16世纪初，哈萨尔后裔、科尔沁部首领勃鲁乃齐王之子图美有三个儿子，长子奎蒙克、次子巴衮、幼子布尔海。1517年，蒙古达延汗死后，大汗权力衰弱，兀良哈万户领主乘机在漠北发动叛乱，1524年波及漠南地区，博迪汗率领蒙古左、右两翼大军镇压叛乱。其间，科尔沁部首领奎蒙克为躲避战乱率部南下，陆续迁徙到嫩江流域原兀良哈三卫地驻牧，因同族有阿鲁科尔沁，故号称"嫩（江）科尔沁"。奎蒙克的两个弟弟巴衮、布尔海仍留居石勒喀河与额尔古纳河流域之间，布尔海始号所部为"乌拉特"，后分为三部。

明末，科尔沁部除嫩科尔沁迁走外，逐渐被西至贝加尔地区、东至额尔古纳河流域的成吉思汗诸弟后裔所统治，包括阿鲁科尔沁、四子、乌拉特、茂明安、翁牛特、喀喇车里克、伊苏特、阿巴嘎、阿巴哈纳尔部，它们统称为"阿鲁蒙古"。其中，茂明安部与乌拉特部游牧地在大兴安岭东北一带至石勒喀河、额尔古纳河流域，包括尼布楚在内。

1616年，东北建州女真首领努

尔哈赤在赫图阿拉即汗位，国号曰"金"，史称"后金"。当时后金力量微弱，正处于西有蒙古察哈尔部、东有朝鲜、南有明王朝的三面包围之中，为了改变这种局面，称雄关外，努尔哈赤开始拉拢蒙古诸部，采取联合蒙古对付明王朝的战略方针。但是，驻帐广宁（今辽宁省北票市北）的察哈尔部林丹汗以"四十万众蒙古国主"自居，无视"水滨三万人满洲国主" 努尔哈赤，采取了联明共御努尔哈赤的方针，试图灭掉满洲国以实现一统蒙古的大业，为此，双方展开激烈的争雄征战。

努尔哈赤对处于察哈尔部东北前线的科尔沁蒙古部，采取笼络、联姻、封官授爵并给予十分优厚的待遇、政治结盟等方式，成功地分化瓦解了察哈尔力量，扩大了自己的势力。

后金天命十一年(1626年)，努尔哈赤之子皇太极继金国大汗位，继续对漠南东部的蒙古部首领采取笼络、威逼利诱和争取、联合的政策，凡率部归附的，一律封官赐爵，并保留原有的封建特权。天聪五年（1631年）七月，皇太极计划于次年春天草青时征伐察哈尔，让归附不久的阿鲁科尔沁和四子部落首领做争取乌拉特部归附的工作。

《满文老档》记载：阿鲁科尔沁、四子部落和乌拉特部的六个台吉叔侄多人，第一次前往沈阳，打算拜谒后金皇帝，途中同扎赉特部的台吉们争吵，半道返回去了。后金皇帝得知此事后，于天聪五年七月初五（1631年8月2日），派白音达日致阿鲁科尔沁部的达赉楚琥尔和四子部僧格台吉文书，让他二人派人劝回乌拉特部。这封文书存于中国历史第一档案馆，文书中写道："汗谕达赉楚琥尔和僧格墨尔根和硕齐：尔等会议后，遣使者往乌拉特部，其来与否，打听翔实毕即还。乌拉特庆喀问毕而来，据称寇克特扎赉特恶言语之而还，等语。速遣使往。"但乌拉特部首领表现出犹豫观望的态度，直到林丹汗败退后，乌拉特部才归附后金。

天聪六年（1632年），随着蒙古最后一位大汗——察哈尔林丹汗抗衡后金失败西遁，察哈尔蒙古被后金征服。明王朝忙于镇压各地农民起义，自顾不暇，节节败北。政治格局的变化使后金解除了两面受敌之危，后金的实力不断强盛起来。

天聪七年（1633年）五月，乌拉特部布尔海曾孙鄂木布、图巴均为乌拉特部首领，他们两部共同向皇太极进献马匹，表示归附后金。同年八月，乌拉特部另一首领色棱向皇太极

乌拉特部西迁图

进贡驼、马，表示归附后金。是年，乌拉特三部全部归附后金。

皇太极为了入关夺取全国政权，需要建立牢固的大后方和重要的兵源基地，短期内收服了阿鲁蒙古诸部，使各部归顺后金。其后又进一步征服索伦诸部，拓展了疆域，使之成为后金的"后方大院"。后金的实力不断增强，为进军明朝创造了有利的战略条件。

后金为了更有效地直接控制和统治阿鲁蒙古诸部，命令驻牧原地的各部向内迁移，其中，乌拉特部内迁呼伦贝尔草原的呼布图奈曼查干、图门乌力吉一带。

天聪八年（1634年），林丹汗病死后，察哈尔部众溃散，一部分逃入明朝边境大同、宣化府地区。于是，皇太极再次发动对察哈尔残部的清剿行动，攻打明朝边境，隔绝其退路。刚刚归附后金的乌拉特部官兵即被征调赴战争前线。《清史

稿》记载：以图巴为首的乌拉特三部奉命跟随后金军队，由察哈尔部南境喀喇鄂博进入明边得胜堡，攻打大同，攻克三个边堡、一个烽火台。后金军队收兵后，以奈曼、翁牛特违令罪，各罚驼马，诏分给所部。且据后来的乌拉特王府《旗册》档案记载：天聪八年(1634年)，乌拉特三部以进攻明朝边境，"由得胜堡攻大同，被明兵陷其营寨，兵还，因其攻不力论罚。其后，有乃蒙敖（奈曼）、讫脑达（翁牛特）两种（部），未奉令私攻大同，亦被罚驼马，赏图巴"。之后，乌拉特部又跟随后金部队征伐朝鲜、喀尔喀，并参加了攻克明朝山海关内外的蓟州、锦州、松山等地的战争。顺治三年（1646年），参加平息苏尼特东路首领腾机思叛清的追击战，在扎济布鲁克击败支持腾机思的喀尔喀土谢图汗、车臣汗联军。乌拉特部为清朝统一天下

立下了汗马功劳。

清顺治五年(1648年)，清廷论功行赏，因乌拉特部随大军征战有功，将乌拉特三部改编为乌拉特旗，分为乌拉特前旗、乌拉特中旗、乌拉特后旗三个旗。封图巴为札萨克镇国公，掌乌拉特后旗。当时，因鄂木布、色棱已死，故封鄂木布之子鄂班为札萨克镇国公，掌乌拉特前旗；封色棱之子巴克巴海为札萨克辅国公，掌乌拉特中旗。诏三旗札萨克爵位世袭罔替，并赐河套北部狼山、木纳山(乌拉山)一带为驻牧之地。

这一地区原属土默特部，自林丹汗西迁青海时带走在这里游牧的土默特属民后，一时成为无人管理的空虚地带。再者，清廷以土默特曾为察哈尔林丹汗服属，对抗后金，"当其投诚之时，地已非其所有"，1636年编土默特部为左、右两翼旗，不设札萨克，直隶蒙古衙门管辖，并采取压缩两翼旗的政策，安置新的部众。当时，西北地区几乎不为清廷所有，阿拉善厄鲁特、外喀尔喀诸部尚未臣服清朝，他们常常与中原以及归化城土默特进行贸易往来。清廷采取东军西调的军事战略，主要是为了加强防御厄鲁特、外喀尔喀入侵，同时保卫战略要地归化城。另外，亦可监控原归属察哈尔林丹汗的鄂尔多斯部。顺治六年（1649年）三月，鄂尔多斯部首领札木素叛清，清廷据

西拉木伦河北岸

险抵抗，才化险为夷。同时，东军西调也加速了当时乌拉特军队西迁驻防的进程。

乌拉特部奉诏西迁戍边，据文献资料记载，乌拉特部的迁徙不是一次完成的。

关于当时乌拉特部的人口，据《满文老档》记载：崇德元年（1636年）十月，乌拉特部图巴一系750户，编为14牛录；塞冷一系390户，编为8牛录；额布根一系750户，编为15牛录。由此看，乌拉特部为1890户，牛录为37个。按每户5口人计算，其人口数为9450人，也就是说，当时乌拉特部人口约为1万人。

再据清代内蒙古外藩蒙古盟旗资料记载，乌拉特三旗共有18个佐领西迁，其中，乌拉特前旗佐领2个（一说9个，后增加喀尔喀3个佐领，计12个），乌拉特中旗佐领12个（一说6个），乌拉特后旗佐领4个（一说6个），乌拉特三旗共有男丁2700人。如按箭丁人数推算，乌拉特官兵民众合计约1.35万人西迁。

1648年，乌拉特三旗骑兵部队奉命从驻防地区西拉木伦河北岸出发，经巴林桥、经棚、正蓝旗、镶黄旗、四子部落旗境西行，于1649年抵达乌拉山东端哈达门沟（今包头市西北部哈德门沟，古称铁柱谷），开始执行戍边任务。

1649年农历八月十五，乌拉特三旗属民由呼伦贝尔草原游牧区的呼布图奈曼查干、图门乌力吉分别启程，大致途经喀尔喀车臣汗部左翼后末旗、左翼后旗、达里冈爱牧场（曾为清廷皇家牧场），进入今内蒙古锡林郭勒盟北境及与其毗邻的喀尔喀土谢图汗部东南境，沿阿尔噶里山南下，再入内蒙古今达尔罕茂明安联合旗北境，沿爱毕哈河（艾不盖河）南下至乌拉特赐牧地。一说经内蒙古科尔沁草原，沿西拉木伦河北岸，途经正镶白旗、四子部落旗，至乌拉特赐牧地。

这些乌拉特属民带着牲畜、火种和生产生活资料告别东北故土，踏上艰辛的迁徙之路。经过两年多长达2000里的长途跋涉，乌拉特属民一路战胜了严寒酷暑、风沙雨雪和疫病，于顺治九年（1652年）全部人马辗转抵达目的地。至此，1万多名乌拉特官兵与家眷完成了一场民族大迁徙的历史壮举。

先期到达的乌拉特军队将驻牧于此地的艾毕日米德札黑齐匪部追赶到外喀尔喀境内，开始放牧。

乌拉特部首次设置的乌拉特前旗、乌拉特中旗、乌拉特后旗札萨克衙署，同驻哈达玛尔（哈德门沟）。自此，"乌拉特"这一名称

哈达玛尔（1937 年摄）

由原来只指蒙古部发展为兼有旗名和地名的多重含义。因乌拉特三旗的札萨克均被清廷封公，所以乌拉特三旗又称为乌拉特三公旗。三旗地界据《清史稿》记载：东界茂明安旗（属今达尔罕茂明安联合旗），南界鄂尔多斯左翼后旗（今达拉特旗），东北界喀尔喀右翼旗（属今达尔罕茂明安联合旗），西界鄂尔多斯右翼后旗（今杭锦旗），东西宽215里，南北长300里。

其时，为防御阿拉善厄鲁特部东犯，清廷命乌拉特三旗出兵镇守中西边关隘口。乌拉特后旗负责镇守昆都仑沟、五当沟（今五当召西沟），把守黄河的大树湾渡口；乌拉特中旗负责镇守哈达玛尔口子；乌拉特前旗负责镇守毛尼胡硕（西山嘴），把守黄河坦盖木独渡口。

最初，因乌拉特三旗札萨克系叔伯、祖孙关系，自谓一家，故分民不分地，未划分旗界、苏木界。当时，三旗属民根据三位札萨克所居蒙古包衙门的位置、镇守隘口的方位，称乌拉特前旗为乌拉特西公旗，乌拉特中旗为东达公旗即乌拉特中公旗，乌拉特后旗为乌拉特东公旗。后来，民间又根据乌拉特三旗札萨克的名字，把乌拉特前旗、乌拉特中旗、乌拉特后旗分别简称为克公旗、巴公旗、喇公旗。

清朝统治者对蒙古实行"众建以分其势"的政策，推行盟旗制度，以分化蒙古族，控制其上层贵族。康熙九年（1670年），四子王旗、茂明安旗、乌拉特三公旗、喀尔喀右翼旗在四子王旗王府所在地乌兰额尔济坡首次会盟，该地

33

有一条名叫乌兰察布的河，故称为乌兰察布盟（今乌兰察布市）。"乌兰"，蒙古语，"红色"之意；"察布"，蒙古语，有"经膳""湖泊""恰好""山的两翼高地"等意；"盟"是蒙古语"楚古拉干"（聚会）的汉译词。

《绥远通志稿》（卷一）称："四子王旗，喀尔喀右翼旗，茂明安旗，乌喇特前、中、后三旗，六旗共组一盟，并由清廷指定以乌兰察布为每年会盟之地。盖其地有河，名乌兰察布，因以河名呼其地，以地名呼其盟。实则河名乌兰察布，而地名乌湖克图也。"

盟是虚设组织，是一个松散的联盟，它是通过几个旗举行会盟实现的，一般三年举行一次会盟，有时一年一次，目的是"简稽军实，巡阅边防，清理刑名，编审丁册"，通过会盟清查各旗所属人丁，为清廷缴纳税赋和补充兵员服务。由于盟不是一级地方行政建制，所以对所属各旗只起监督、统驭作用。同时，盟也没有衙署和属吏，盟长、副盟长均为兼职，盟的印信档册亦随盟长的移任而传接。

乌兰察布盟会盟遗址，在今四子王旗东八号乡白彦敖包山，当地人称该地为"乌湖克图"（"有石英石的地方"之意），这与《绥远通志稿》"地名乌湖克图"的记载相吻合。

"乌湖克图"系蒙古语，意为"有油脂"，蒙古语称石英石为"乌湖克朝鲁"（直译为"油脂石"）。如今，白彦敖包山坡上还遗存两块乳白色的巨石。

大树湾渡口（2013 年摄）

乌兰察布盟会盟遗址（今四子王旗东八号乡白彦敖包山）

白彦敖包，蒙古语意为"富裕吉祥的敖包"，是会盟时所建，位于四子部札萨克驻帐地——乌兰额尔济15千米处，距今四子王旗人民政府所在地乌兰花镇15千米，距今呼和浩特市60千米。当时，敖包建在距卓勒更锡勒40千米处的几座小山中的一座最高的山的顶端，敖包高约4米，底座直径约8米，敖包全部用火成岩和花岗岩石块堆砌而成，岩石为敖包增添了几分圣洁和神秘的色彩。

白彦敖包山坡上遗存的
两块乳白色巨石（一）

昔日，为了纪念首次乌兰察布会盟，在距离白音敖包东2千米处还建有一座铸铁的会盟纪念塔，塔高约6.7米、宽约3.4米，共有4层，上有圆锥形塔顶，塔顶上有铁质三股叉，铁塔第三层镌刻着蒙满文塔记。该纪念塔于1952年被毁，塔文已失传，如今仅存遗址，当地人称

白彦敖包山坡上遗存的
两块乳白色巨石（二）

传说中的乌兰察布河（今称白彦敖包河）

会盟纪念塔遗址

此地为"塔地"。

会盟塔被毁之后，1956年有人在这里举行最后一次祭祀。后来，当地人在敖包中挖出过铜牛、铜人、古钱币等文物。

乌拉特风云变幻

乌拉特三公旗在清廷调遣下西迁以后，为清朝巩固西部边关发挥了重要作用，在中华民国和抗日战争时期也经历了风雨飘摇的历史变革。

中华民国时期

清宣统三年（1911年），辛亥革命一举推翻了清政府。

1912年1月1日，中华民国成立。在辛亥革命的影响下，太原起义后，阎锡山出任山西革命军都督。1912年1月12日，阎锡山率革命军经伊克昭盟（今鄂尔多斯市）进入包头，成立了管辖包头、后套(今河套地区)和伊克昭盟地区的临时性政权机构，在包头设立包东州。1月26日，山西革命军东进归绥失败，退回山西，包东州建制解体。

以袁世凯为首的北洋军阀政府对蒙古族地区仍然推行清朝时期的制度，其于1912年8月公布的《蒙古待遇条例》规定："各蒙古王公原有之管辖治理权，一律照旧。内外蒙古汗、王公、台吉世爵名位齐，应予照旧承袭，其在本旗内享有之特权，不予变动。蒙古各地呼图克图、喇嘛等原有之封号，概仍其归。蒙古王公世爵俸饷，应从优支给。蒙古通晓汉文并合法定资格者，得任用京外文武各职。"各盟旗诸王公台吉沿袭原来的爵位，原盟旗制度和各盟旗境内所设道、府、厅、州、县等基本原封不动地保留了下来，继续实行"旗县并存、蒙汉分治"的政策。

1912年4月21日，中华民国政府颁布命令，宣布取消蒙、藏、回、疆等藩属名称，撤销清王朝所置理藩部，称："凡蒙藏回疆各地方，同为我中华民国领土……各该地方一切政治行政事务，俱归中华民国内务部接管。"同月，中华民国政府沿清制设绥远城将军，执掌军政和蒙古盟旗事务，监督绥远地区，其中包括乌兰察布盟、伊克昭盟。汉族地方行政事务仍由归绥分巡兵备道(简称归绥道)管辖，隶属山西省。5月，改山西归绥道为归绥观察使公署，所属的12个抚民厅一律改为县，其中萨拉齐、五原改为县，由绥远城将军监督。

10月12日，袁世凯任命张绍曾为绥远城将军。当月29日，袁世凯派卓特巴通令乌兰察布盟、伊克昭盟派员赴绥远城，共同筹议该

地区拥戴共和诸事。此时，两盟各旗已接到外蒙古哲布尊丹巴—杭达多尔济集团的"传檄"文告，反对共和，抵制参加会议。11月6日，张绍曾致电袁世凯请示办法，经袁世凯回电同意，张绍曾于15日派军队，"礼请"并"保护"乌兰察布盟盟长、四子王旗札萨克郡王勒旺诺日布至归绥。同时，张绍曾呈请中华民国政府，勒旺诺日布"输诚内向，愿赞共和，并拟劝导各旗同心效顺"有功，把他封为亲王。此举使勒王"慨然感悟，输诚悔罪，誓认共和"，并表示"感激之忱，莫可言馨"。11月19日，张绍曾派绥远城佐领德普诗巴持文率绥远马队前往伊克昭盟，盟长阿尔宾巴雅

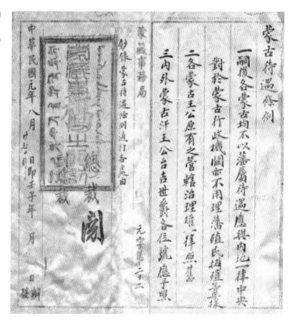

民国政府蒙藏事务局颁布的《蒙古待遇条例》

37

1912年西盟会议全体代表于归绥合影

尔同样被军队"明示保护、阴勒成行"请到归绥，也被封为亲王。

这次会议史称"西盟会议"，自1912年11月24日乌兰察布盟盟长到归绥至翌年2月22日。这些蒙古王公到归绥后都受到热情招待，归绥举行了盛大的欢迎宴会。各盟旗王公及随行官员、夫役达700余人，携带的骆驼、骡马超过千匹，粮草都由将军署专设在各中学校舍的招待处供给。同时，张绍曾已报请袁世凯将所有王公加封一级，保全其封建统治。各盟旗王公对共和的态度逐渐缓和。

1913年1月23日上午11时，西盟会议正式举行。会场设在西盟王公招待处，会议议程共10项。参加会议的除乌兰察布盟、伊克昭盟正、副盟长，各旗札萨克（或代表）外，还有来宾望桂臣（伊克昭盟慰问员）、王传炯（乌兰察布盟慰问员）、潘礼彦（归绥观察使）等。会议通过了《西盟王公会议条件大纲》，共计五条十八款。会议作出五项决议：一是赞成共和。二是不承认俄国与库伦所结之协约。三是请兵保护西盟要地。四是筹划蒙古族人民生计。五是振兴蒙古族地区教育。两盟各旗王公联合通电不承认《俄蒙协约》，并发布《乌伊两盟各札萨克劝告库伦文》。会议期间，张绍曾派人陪两盟正、副盟长亲赴北京向中华民国政府表示"翊赞共和"，受到袁世凯的礼遇和赏赐。

西盟会议的圆满成功，避免了内蒙古的分裂，维护了国家统一和民族团结。

这次会议消除了蒙古族封建王公的疑虑，没有改变封建旧制度，王公普遍加封一级。其中，乌拉特

乌拉特前旗札萨克贝子克什克德勒格尔

乌拉特中旗札萨克镇国公巴宝多尔济

拉特中公旗札萨克巴宝多尔济由辅国公晋升为镇国公。其间，袁世凯给予西盟各蒙旗札萨克勋章，乌拉特三公旗札萨克被授予二等嘉禾章，由张绍曾将军代为颁发。乌拉特三公旗仍隶属乌兰察布盟，受绥远城将军监督。

西盟会议的成功召开，极大地遏制了沙俄及外蒙古哲布尊丹巴—杭达多尔济集团的扩张野心。他们见分裂内蒙古的阴谋破产，索性派兵侵略内蒙古，分兵三路南下。

乌拉特后旗札萨克贝子拉什那木济勒多尔济

东公旗札萨克拉什那木济勒多尔济和乌拉特西公旗札萨克克什克德勒格尔由镇国公晋升为贝子爵位，乌

1913年5月—6月，外蒙军从西路入侵乌拉特三公旗及河套地区，见剪发者即杀，抢掠财物，焚烧军营及乌镇18家大商号。阎锡山派晋军应战，外蒙军败走。7月事平。外蒙军在庙宇藏身，为打击敌人，

乌盟各札萨克不承認俄庫協約之通電

北京大總統國務院參議院蒙藏事務局黎副總統各省都督將軍都統辦事長官鈞鑒共和成立五族一家同享太平實為我蒙莫大之幸福本盟僻處荒陋見聞狹隘初尚未明此理幸自張將軍蒞任以來召集本盟各王公到綏連日晤談始豁然羣知共和要旨及我大總統德意咸明趨向共表贊成此後凡中央對蒙設施本盟無不惟命是聽惟聞庫倫與俄定有協約殊深駭怪查庫倫僅外蒙一隅本不足

乌伊两盟各札萨克勸告庫倫文

蒙古彊域向與中國腹地脣齒相依數百年來漢蒙久成一家去歲革命起義內部諸省紛然獨立向中原鼎沸騷動四方蒙古僻在邊陲深處禍亂貴喇嘛乘時獨立保障蒙疆本盟迭接來文亦計為自全並非過舉曾表同情現在共和新立五族一家南北無爭中央有主徙前各省獨立均已取消我蒙同係中華民族自宜一體出力維持民國與時推移貴喇嘛遠在庫倫或於民國近時情形容有所隔膜用特按照現狀縷述郵懷冀在前清一切苛例並設種種優待條件且於我蒙向來游牧宗教諸習慣一體保存何劣若前此一切苛行居皆不自由我蒙受害尤甚民國改建以來待遇我蒙捐除以往脫離羈阨共享自由吸收全國之金融行變荒寒為富庶榮名幸福後顧何若

《乌伊两盟各札萨克劝告库伦文》部分内容

晋军烧毁了许多庙宇。平息外蒙军后,国民政府召开会议协商议定:除为首的葛根喇嘛已押在京由国民政府依法处理,惩一儆众外,对其余胁从附和的喇嘛、平民,一律免于究办。

1914年1月,中华民国政府批准设立绥远特别行政区。同年7月6日,根据袁世凯令,绥远与山西省实行分疆而治,绥远城将军改为绥远都统。

1929年9月,国民党中央政府改绥远特别行政区为绥远省。

《乌伊两盟各札萨克不承认俄库协约之通电》
部分内容

1934年4月,蒙古地方自治政务委员会在百灵庙成立,也被称为百灵庙蒙政会，直隶国民政府行政院，辖领乌兰察布盟乌拉特三公旗。1936年2月，国民党中央决定取消蒙古地方自治政务委员会，将其辖区依省界划分为两部分，分别成立绥远和察哈尔两个省境蒙古地方自治政务委员会。绥境蒙政会在归绥(今呼和浩特市)成立，任命伊克昭盟盟长沙王为委员长，阎锡山为指导长官。乌拉特三公旗改隶绥远省境内蒙古地方自治政务委员会。

抗日战争时期

1937年10月，日本侵略军侵占绥远省归绥、包头，不久之后，乌拉特草原大部沦陷。沦陷后的乌拉特三公旗隶属伪蒙疆联合自治政府。在这个特殊的历史条件下，乌拉特中公旗的高勒、乌布尔科尔沁等4个苏木被日本侵略军占领，位于西北部的阿鲁科尔沁苏木、玛拉吐尔苏木成立了以管旗章京巴特尔为首的"博克梯"办事处，属国民政府管辖，乌拉特中公旗被分成两部分，成为国民党和日伪政权进行拉锯战的地区。乌拉特东公旗把原有的6个苏木、1个帖宾合并为2个苏木；分别称第一苏木、第二苏木；将石哈河地区原属乌拉特东公旗管辖的农业区编为一个新蒙乡，下设3个保。

1936年9月，乌拉特西公旗札萨克石拉布多尔济（俗称石王）因病去世，因其无子嗣，札萨克的继承成为焦点问题。乌拉特西公旗贵族内部一些人积极策划夺权计划，向石王福晋奇俊峰索要旗印，奇俊峰斩钉截铁地回绝了他们的非法要求。为此，奇俊峰要求乌兰察布盟盟长林沁僧格和绥远省政府出面调停旗内争权斗争，并立其遗腹子为西公旗札萨克。后经乌兰察布盟公署及绥远省政府的调解，达成协议，其中有"奇俊峰所怀身孕，如所生系男，正式承袭王位"，暂时平息了乌拉特西公旗的内部矛盾。1937年4月，孩子出生，乌力图高勒庙的活佛为其起名阿拉坦敖其尔，奇俊峰姑母又为其起名奇法武，呈报绥远省、乌兰察布盟备案。10月，奇俊峰正式在乌拉特西公旗执政，行使札萨克权力。

1937年10月，归绥、包头相继沦陷。乌拉特西公旗原协理额宝斋追随德王筹建"蒙古联盟自治政府"，并返回乌拉特西公旗建立亲日的伪政权，德王派伪蒙古军一个团入驻乌拉特西公旗，伪蒙古军的团长垂涎寡居的奇俊峰及其财产，对奇俊峰纠缠不已。为摆脱德王蒙奸政权的控制，奇俊峰与驻守在五原县的国民党绥远省西部区警备司令、骑兵第六军军长兼第七师师长门炳岳取得联系，表示愿率部赴五原县参加抗日，门炳岳当即回复欢迎她加入抗日队伍。

1938年3月3日（农历二月初二），奇俊峰一行经过一整夜的急行军，安全抵达五原县城。门炳岳闻讯立即前来迎接，热情慰勉，同时发电向国民党中央报告了详情。蒋介石在复电中对奇俊峰慰勉有加，行政院、军政部也来电慰问。国民党《中央日报》做了报道，称奇俊峰是"第一个从日伪占领区投向抗日阵营的蒙旗王公"。一时间，"巾帼英雄"奇俊峰在全国名声大噪。4月中旬，军政部任命奇俊峰为乌拉特西公旗保安司令。5月，国民政府军事委员会又任命她为乌拉特西公旗防守司令部司令，并授予少将军衔。防守司令部设在五原县城，由军政部发军饷。经门炳岳同意，在旗内招收了200余名青年扩充了军队。7月，她的部队配合门炳岳的骑七师在西山嘴一带阻击日军。9月，国民政府蒙藏委员会任命奇俊峰为乌拉特西公旗护理札萨克兼绥境蒙政会建设委员会主任，任命其子阿拉坦敖其尔（奇法武）为记名札萨克。国民党中央政府在五原县成立了乌拉特西公旗临时政府。1939年，乌拉特西公旗临时政府迁至陕坝。奇俊峰的抗日义举在蒙古族地区

产生了很大反响，乌拉特东公旗额王福晋巴云英、茂明安旗齐王福晋额仁庆达赖先后摆脱日伪的控制，也到后套参加抗日战争。

1936年10月，乌拉特东公旗札萨克额尔克色庆占巴勒（俗称额王）病逝，因其子贡嘎色楞年幼，由额王的胞弟齐木德仁庆多尔济任护理札萨克。但在许多问题上，新任札萨克与其嫂额王福晋巴云英产生了矛盾，为此，巴云英状告绥远省政府，要求废除齐木德仁庆多尔济护理札萨克职务，让其子贡嘎色楞继承札萨克位。绥远省政府同意了巴云英的请求，但这时绥东抗日战争爆发，无法顾及此事。巴云英遂率旧部开展抗日游击活动。此后，与日本侵略军周旋近9个月的巴云英偕子走上了西上五原县联合抗日的道路，于1938年6月12日抵达五原县，受到隆重欢迎。是年6月中旬，国民党中央政府授予巴云英少将军衔，任乌拉特东公旗护理札萨克兼保安司令，其子贡嘎色楞为记名札萨克。国民党中央政府在五原县成立了乌拉特东公旗流亡政府。1939年，乌拉特东公旗流亡政府迁至陕坝，配合傅作义部队作战。关于巴云英西上抗日的事情，国民党《中央日报》也进行了报道。

1939年秋，门炳岳奉命调回重

庆担任骑兵总监后，向蒋介石汇报了绥西抗战的情况，并建议蒋介石召见奇俊峰、巴云英，使她们进一步了解国内形势，继续投身抗日救国。如委员长能召见她们，而且通过报纸进行宣传，在全国也会产生很大影响，对大后方的少数民族各界人士将是莫大的鼓舞。蒋介石采纳了门炳岳的意见，1939年11月下旬，通知国民党第八战区副司令长官傅作义，让他安排奇俊峰、巴云英二人偕两位诺颜前往重庆述职。奇俊峰、巴云英分别带领述职团成员各20余人，先后从陕坝出发，分别经绥境蒙政会所在地札萨克旗谒见伊克昭盟盟长沙格都尔扎布，再经榆林、延安、西安等地，于1940年5月到达陪都重庆。第二天，国民政府何应钦、孔祥熙等为两位女司令举行欢迎宴会，高度评价她们的抗日功绩，称她们是全国蒙旗王公中最早参加抗日的女中豪杰。

6月中旬，蒋介石、宋美龄夫妇接见两位抗日英雄，同时答应了

奇俊峰任绥境蒙政会委员的派状

她们提出的要求，为她们解决了保安司令部所需的枪支弹药，并责成行政院为乌拉特东公旗补发了一枚札萨克印。之后，她们在重庆参观访问，做抗日救国演讲。《中央日报》报道了她们的活动，她们的声誉大增，为蒙古民族、乌拉特三公旗特别是乌拉特蒙古族妇女争得了极为崇高的荣誉。回到后套后，她们积极扩充自己的军队，配合傅作义部队抗战，开创了蒙旗上层人士积极抗战的先河，她们的爱国行动在蒙旗中影响较大。

1944年7月，奇俊峰、巴云英派出精干小分队，配合傅作义部向乌拉特中公旗杭盖努其、斯日本朝海、川井、乌力吉图、宝日忽少等五地的日本特务机关发起进攻，并将乌兰察布盟盟长、乌拉特中公旗札萨克林沁僧格礼请到了陕坝，以摆脱日伪的控制。

1945年，世界反法西斯联盟在欧洲战场取得胜利后，8月，苏蒙联军对日宣战，进军中国北部边疆，在中国人民强大的抗日力量和苏联红军击溃关东军的压力下，加之日军在太平洋战场接连失败，日本天皇宣布无条件投降，乌拉特三公旗光复。

行政制度

清代蒙古各部的基本行政单位是旗，蒙古语称为"和硕"。旗下

根据人口数设若干"佐",蒙古语称为"苏木",相当于乡。

盟旗的设置将原来自由游牧的部落纳入行政体制,使清廷能够有效管理蒙古各部。各氏族、部落的游牧范围被限制在旗界以内,不得越界放牧和迁徙,这样就避免了原先普遍存在的部落之间因争夺牧地而产生的纠纷和混战。另一方面,清廷在蒙古地区实行盟旗制度,使原来的汗、部长(部落首领)成为仅掌管一旗的札萨克,不再拥有与朝廷对抗的实力。

乌拉特部自清顺治五年(1648年)被编旗镇守边关至中华民国成立(1912年),旗最大的执政官是札萨克,札萨克是由朝廷册封的,是清朝授予蒙古人的军事、政治官职,而且是世袭的。旗札萨克还被授予爵位,如辅国公、镇国公,理应称为"公爷",但民间俗称为"王爷"。民间还称札萨克为"诺颜",诺颜是君主、领主的意思,这是蒙古民族沿用清代之前的叫法。

札萨克下设的官职有:协理台吉,每旗2人,协助札萨克办理旗务。管旗章京,每旗1人;副章京,每旗2人。佐领,每150丁置佐领1人。参领,每6佐领置1参领。骁骑校,每佐领之下置1人。

中华民国至中华人民共和国成立的37年间(1912—1949年),乌拉特

乌拉特三公旗札萨克印(清)

三公旗诺颜爵位由公爵晋升为贝子、贝勒爵位，仍掌旗札萨克统治权。

清至民国，乌拉特三公旗均有由皇帝和总统颁发的札萨克大印，是札萨克诺颜最高权力的象征。因此，历任札萨克都非常看重札萨克大印，平时由旗衙门严加保管，香火不断。只有旗里向上奏册或邻旗间行文才动用札萨克大印，且须由札萨克诺颜亲自加盖。乌拉特三公旗的札萨克大印是康熙二十五年（1686年）清廷颁发的银质大印。印呈方形，背面有坐虎形把，重8斤10两3钱（旧单位16两制），印面有满蒙两种文字，分别铸刻"乌拉特前旗札萨克印""乌拉特中旗札萨克印""乌拉特后旗札萨克印"，侧面铸刻"康熙二十一年铸"。中华民国成立后，国民政府为乌拉特三公旗札萨克颁发了铜质大印。

清朝时期的蒙古社会存在阶级和等级，以札萨克王公贵族和宗教上层组成的僧俗封建主是统治阶级，牧民群众处于受压迫受剥削的地位，是被统治阶级。政治上，牧民遭受奴役和压迫，清廷制定的《理藩院则例》《蒙古律例》等各项法律和规定，是蒙古王公贵族统治阶级利益和意志的集中体现，牧民的生产、生活以及个人的人身自由等方面受到严格的限制。牧民因

没有或拥有很少的生产资料（牧场和牲畜），经济上依附封建主，缴纳各种赋税。《理藩院则例》规定，蒙古王公及牧民只能在本旗内活动，不得擅自游牧，不准私入他人地界，如有违例，王公罚俸，无俸的台吉和牧民则罚牲畜。

乌拉特三公旗和平解放

1949年初，在中国共产党的领导下，人民解放军取得"三大战役"的胜利，国民党大势已去。参加解放张家口战役的中国人民解放军内蒙古骑兵第四师（以下简称"蒙骑第四师"）奉命向西挺进，继续作战，进行绥北战役，进军乌兰察布盟，并于5月下旬一举解放了四子王旗，驻乌兰花镇后迅速建立中共乌兰察布盟工作委员会。此时，属绥远省的乌兰察布盟东、南、北部已成为连接的解放区，西部解放指日可待。按照部署，下一步解放乌兰察布盟全境，实现锡林郭勒、察哈尔、乌兰察布三地解放区连成一片的战略目标。

6月，在中国人民解放军强大的攻势面前，绥远国民党军队接受了中国共产党和平解决绥远问题的提议。上级党委命令蒙骑第四师贯彻执行中共中央、毛泽东主席关于促成绥远和平解放的指示，力促蒙旗王公起义，避免草原流血、兵戎相见。

面对人民解放军大兵压境的形势，乌拉特三公旗王公贵族受国民党统治的影响，对共产党和人民解放军及其政策不甚了解，政治上处于迷惘状态。加之国民党特务不甘心失败，处心积虑，大肆造谣，蛊惑人心，妄图挑起民族矛盾，破坏和平解放；德王又在阿拉善旗定远营准备搞"蒙古自治"，发文要求内蒙古西部各旗王公参加会议，并送去会议经费现洋1000元，致使乌拉特三公旗一些执政者举棋不定，采取观望态度，想看一看蒙骑第四师到底会采取什么行动。

根据以上情况，蒙骑第四师党委在达尔罕旗设立联络点，指派侦察员为联络员，派人为各旗送去蒙骑第四师师长毕力格巴图尔和中共乌兰察布盟工作委员会书记萨木腾、副书记辛玉的信函，并先后发出数封信件，讲明共产党的政策，敦促各旗执政者认清形势，尽快派员与解放军联系，商谈和平解放事宜。

7—8月，乌拉特东公旗、乌拉特西公旗、乌拉特中公旗先后派代表到四子王旗与共产党、解放军接洽。蒙骑第四师和中共乌兰察布盟工作委员会领导与各旗代表进行了座谈，了解了各旗的详细情况，让代表学习了有关文件和政策。

9月19日，以董其武为首的39名绥远军政各界代表通电全国，宣布起义，绥远和平解放。20日，毛泽东、朱德复电董其武等，"希望你们团结一致，力求进步，改革旧制度，实行新政策，为建设人民的新绥远而奋斗"。聂荣臻、薄一波复电祝贺绥远和平解放。9月25日，董其武发布《为绥远军民起义告全省人民书》。至此，绥远省全境宣告解放。

9月下旬，中共乌兰察布盟工作委员会组织召开了各旗代表大会。会上，各旗代表听取了中共乌兰察布盟工作委员会领导关于全国解放战争形势和绥远"九一九"和平解放的报告，一致表示愿意接受中国共产党的领导，积极响应和平解放。10月1日，代表们还参加了蒙骑第四师全体指战员及当地群众举行

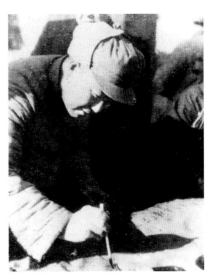

董其武在"九一九"起义通电上签名

的庆祝中华人民共和国成立大会。

10月中旬，各旗代表相继返旗，筹划落实和平解放具体事宜。之后，乌拉特三公旗派代表赴归绥与中共代表毕力格巴图尔正式签署了和平解放协议。

10月23日，毛泽东主席在北京接见傅作义、高克林、姚喆等人时指出，绥远不搞军事管制，成立军政委员会，直属中央人民政府，绥远省政府、省军区归军政委员会领导。

随后，董其武将军在《为建立人民解放军与省人民政府给各级干部的指示》中，传达了毛泽东主席的指示，要求必须把绥远原有的和回到绥远的所有干部团结起来，给予教育安置。一方面认定与绥远干部

绥远九一九起义纪念馆

合作的可能性，一律不准排斥、歧视绥远干部，以团结帮助绥远干部进步；一方面激励绥远干部，不要怀疑犹豫，要团结一致，努力进步。

12月27日，绥远省军政委员会正式成立，傅作义任主席，高克林、乌兰夫、董其武、孙兰峰任副主席。12月31日，原驻绥东解放区的绥远人民政府与原国民党绥远省政府合并，组建绥远省人民政府。

建立人民政权

1950年1月1日，绥远省人民政府正式成立，董其武任主席，杨植霖、奎璧、孙兰峰任副主席。同日，绥远省军区正式成立，傅作义任司令员，乌兰夫、董其武、姚喆、孙兰峰任副司令员，薄一波兼任政治委员，高克林、杨业澎、王克俊任副政治委员，裴周玉任政治部主任。

为了加强绥远地区的蒙古工作，中共绥远省委作出《关于蒙古工

1950年9月19日，纪念绥远"九一九"起义一周年，解放军第三十六军部分领导于九一九纪念堂合影。九一九纪念堂后改为绥远九一九起义纪念馆。

绥远省军政委员会全体人员合影。前排左起：苏谦益、荣祥、董其武、乌兰夫、高克林、傅作义、孙兰峰、张钦、奎璧、张濯清。

作的决定》。决定成立省委蒙古工作委员会，负责蒙古民族工作和贯彻党对蒙古民族的政策；同时成立绥远省人民政府蒙古工作委员会，负责各盟旗的工作。

1950年1月17日，根据中国共产党的民族政策，绥远省军政委员会作出《关于处理绥远境内蒙古民族问题的方案》，决定伊克昭盟、乌兰察布盟实行民族区域自治，在绥远省人民

董其武在纪念绥远"九一九"起义一周年大会上讲话

团结统一．
振兴中华。

乌兰夫

1989年，乌兰夫为绥远"九一九"起义40周年题词

政府统一领导下，成立伊克昭盟、乌兰察布盟人民自治政府。

2月初，中共绥远省委和省人民政府召集乌兰察布盟各旗军政要员和中共乌兰察布盟工作委员会负责同志，在绥远省民族事务委员会召开了为期一个多星期的会议，商讨关于成立乌兰察布盟人民自治政府，各旗旧政府如何改建为人民政府，各旗武装部队如何整编为人民解放军等问题。

参加会议的有中共乌兰察布盟工作委员会、军队负责人，乌兰察布盟各旗军政要员：乌兰察布盟各旗保安司令部中将司令巴云英；乌拉特东公旗札萨克贡嘎色楞、协理唐德吉尔格拉、秘书郭维忠、参谋吉林太；乌拉特西公旗保安司令部司令陶格套胡巴图（郝游龙），参谋长葛才武，协理额日贺多尔吉，梅林章京焦太保、艾敏达瓦；乌拉特中公旗协理巴图毕力格，保安部队团长齐鲁、副团长陈

诚新，秘书巴拉登；茂明安旗保安司令额仁钦达赖、协理额尔登陶格陶；达尔罕旗代理札萨克旺钦苏荣、协理南齐德；四子王旗的嘎瓦热布吉、赛音道吉等人。还有蒙骑第四师师长兼乌兰察布盟军分区司令员毕力格巴图尔，中共乌兰察布盟工作委员会副书记萨木腾、秘书长特布信以及巴彦都仁、贤吉美图、塔宾乃玛、鄂贵卿、宝林等人。

出席会议的有中共绥远省委书记高克林、副书记苏谦益，绥远省人民政府副主席杨植霖、奎璧，中共绥远省委统战部副部长、省人民政府民族事务委员会主任苏克勤，绥远省民族事务委员会办公室主任郝秀山等人。苏克勤主持会议，高克林致开幕词并传达和解释了毛泽东主席、朱德总司令关于绥远和平解放的复电，号召与会人员消除疑虑、放下包袱，毫无顾忌地如实反映本旗的情况，为建设新绥远和乌兰察布而奋斗。

在这次会议上，各旗汇报了军政情况。中共绥远省委、省人政府批准了中共乌兰察布盟工作委员会提出的关于成立乌兰察布盟人民自治政府的方案和逐步成立各旗人民政府，以及将各旗原保安部队整编

绥远省人民政府主席、副主席就职时合影，主席：董其武（左三），
副主席：杨植霖（左二）、奎璧（左一）、孙兰峰（左四）。

为隶属乌兰察布盟军分区的中国人民解放军××旗支队的计划。

会议结束后，蒙骑第四师师长兼乌兰察布盟军分区司令员毕力格巴图尔，中共乌兰察布盟工作委员会副书记萨木腾、秘书长特布信等人，留下了各旗代表，在归绥市旧城的土默特旗席力图召准吉萨(东庙仓，系喇嘛庙内专管庶务的机构)借用房屋又召开了为期两天的会议，商讨关于筹建乌兰察布盟人民自治政府的具体事宜。他们首先商定了乌兰察布盟人民自治政府筹备委员会组成人员，推举毕力格巴图尔为主任委员，萨木腾、特布信为副主任委员，巴云英等人为委员。会议最后形成如下决议：

（1）乌兰察布盟人民自治政府所在地设在四子王旗乌兰花镇。

（2）乌兰察布盟人民自治政府成立大会定于4月中旬召开。

（3）参加会议的代表100人左右(其中乌拉特后旗代表名额15人)。

（4）绥远省和乌兰察布盟根据各旗的具体情况，派工作团下去，在做好成立各旗人民政府筹备工作的同时，组织和发动群众，积极发展农牧业生。

乌兰察布盟建政工作

1950年3月，中共绥远省委和省人民政府、中共乌兰察布盟工作委员会，向乌拉特前旗派出以赵戈锐为团长，刘仁龙、华布和(孟和)、松迪、宝音扎布、达瓦敖斯尔、郎头、吴明、哈达朝鲁、巴雅尔、黄旺、焦子荣、嘎鲁、莫力特等15人为成员的生产建政工作团，驻哈拉汗补隆开展恢复经济和发展生产，以及准备接管旧政权、建立新政权的工作。

4月1日，乌兰察布盟人民自治政府在四子王旗乌兰花镇宣布成立，为绥远省人民政府领导下的一级政府。韩是今任中共乌兰察布盟委员会书记。同时，公布乌兰察布盟人民自治政府政务委员会组成人员名单。毕力格巴图尔任代理主任委员，林沁僧格、萨木腾任副主任委员，特布信任秘书长。委员15人：韩是今、巴云英、巴图毕力格、郝游龙、额日和道尔吉、额仁钦达赖、旺庆苏荣、葛瓦拉布杰、宝音毕力格、旺丹、韩明正、乌力吉那仁、赵英、石生荣、李新民。

4月4日至10日，乌兰察布盟人民自治政府在乌兰花镇召开乌兰察布盟首届各界人民代表会议，参加会议的有正式代表120名、列席代表166名。会议选举产生了乌兰察布盟首届各界人民代表会议协商委员会。

毕力格巴图尔任主席，赵英、旺庆苏荣任副主席。委员31人：石生荣、萨木腾、特布信、张玉庆、

绥远省人民政府布告

赵良、巴图毕力格、杨森义、额尔敦仓、松补尔巴图、葛洛生丹比扎拉生、德力格尔玛、额宝斋、巴云英、宝音毕力格、额尔登陶克陶、明安满达、恩和巴雅尔、马德、李应标、布音吉洛格尔、郭振忠、徐润洲、李存智、朝格如布、白志平、张大有、达木林扎布、道布吉尔、佘金贵、孟全全、阿拉坦其其格、温都尔玛。

乌兰察布盟首届各界人民代表会议协商委员会，既是乌兰察布盟人民自治政府各界人民代表会议的常设机构，也是政治协商机关，又是统一战线组织，代行人民代表大会职权，协商委员会驻地也设在乌兰花镇。

会议期间，根据乌拉特三公旗人民群众的意愿和要求，按照中

国人民政治协商会议制定的《共同纲领》要求，经过会议充分酝酿讨论，民主协商，决定尽快筹建乌拉特三公旗的人民政权。

乌兰察布盟首届各界人民代表会议通过了毕力格巴图尔所作的题为《关于乌兰察布盟工作方针与一九五〇年工作任务》的报告（1950年4月9日通过），以及建政工作、牧区工作、整编各旗保安部队、恢复与发展生产、建立青年各级组织、组建妇女团体、建立中苏友好协会等8项决议案（草案）。绥远省人民政府发贺电表示祝贺。

《关于乌兰察布盟工作方针与一九五〇年工作任务》的主要内容有：一是关于改造与建设政权。团结教育提高各旗原有干部，选派较有经验的干部共同改革旧制度、实行新政策，改造各旗政权，进而废除奴隶制度与保甲制度，建立下层民主政权等。二是关于整编与改造各旗保安部队。乌兰察布盟各旗旧的保安部队酌留25～40名（或40～60名）编为旗公安部队，其余整编成100～300名的旗支队，公安部队、旗支队由绥远省军区乌兰察布盟军分区司令部统一领导，并派政工人员到部队开展政治教育，逐步建立人民解放军的一切制度。三是关于生产建设。恢复与发展生产，牧区以"人畜两旺"为中心口号，发展医药卫生事业，抢治天花、梅毒、性病等严重疾病；半农半牧区农牧并重，积极开发矿业资源，培植树木，保护与发展正当工商业，改造各旗旧合作社；农区保持1949年产量，完成30万市石的农

1950年4月，乌兰察布盟首届各界人民代表会议代表合影。

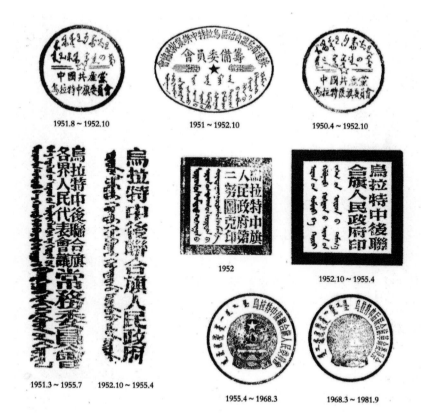

1951.8～1952.10　　　1951～1952.10　　　1950.4～1952.10

1952　　　1952.10～1955.4

1951.3～1955.7　　　1952.10～1955.4

1955.4～1968.3　　　1968.3～1981.9

印鉴

业生产计划；发展副业，农区争取实现5人有1头猪、1人有2只鸡，牧区提倡运输合作组织运盐。

4月7日，绥远省人民政府发布命令：乌拉特三公旗旗名恢复原名称：乌拉特中公旗称乌拉特中旗，乌拉特东公旗称乌拉特后旗，乌拉特西公旗称乌拉特前旗。

乌兰察布盟人民自治政府成立后，按照中共绥远省委和省人民政府的部署，组成乌拉特三旗生产建政工作总团，乌兰察布盟人民自治政府民政处处长张玉庆任总团团长。之前，为配合绥西生产建政，以赵戈锐为团长的工作团已先期抵达乌拉特前旗。由于蒙古族干部缺乏，工作团先派李克森布、马双喜去乌拉特中旗前山和后山开展恢复经济、生产建设工作。

4月中旬，以赵忠华为团长，萨音、贝力格图、道脑、塔哈拉乌贵、毛脑亥(斯庆毕力格)、岳新、刘玉堂、王俊枝、何珍为成员，组成乌拉特后旗中心工作团。他们辗转包头抵达乌拉特后旗阿贵图庙，以五当召为中心宣传绥远"九一九"

起义的重要意义，发动群众，恢复和发展生产，为接管旧政权、建立新政权做准备工作。工作团在巴云英等人的密切配合下，开展了卓有成效的工作。之后，中共乌拉特后旗委员会成立，赵忠华任副书记，当时党组织未对外公开。

7月初，乌兰察布盟抽调乌拉特前旗生产建政工作团个别干部组成乌拉特中旗建政工作团，以图布新为团长，成员有李克森布、华布和(孟和)、马双喜、莫力特、白顺、达布、斯仁敖道、铁旦，到乌拉特中旗本巴台庙开展工作。其中，李克森布已先期到达台梁区工作，马双喜已先期到川井群众生活合作社开展工作。建政工作团成立中共乌拉特中旗委员会，图布新任副书记，党组织未对外公开。

7月上旬，根据乌兰察布盟首届各界人民代表会议精神和《共同纲领》要求，乌拉特三旗分别建立旗人民政府筹备委员会，拟定政府下设秘书室及财政科、民政文教科、建设科、卫生科，执行党的"他正我副"政策，安排政府各级主要领导。7月中旬开始，乌拉特三旗分别召开首届各届人民代表会议，选举产生新一届政府组成人员。乌拉特三旗人民政府分别成立时，同时举办那达慕草原盛会。广大农牧民群众纷纷提前到会，云集会场周围，驻扎蒙古包、帐房，五星红旗飘扬，彩旗招展，摔跤赛马，尽情娱乐，热烈庆祝人民政权的诞生，以水代酒赞歌四起，欢庆中国共产党的民族政策和统一战线的伟大胜利。

乌拉特后旗人民政府成立

1950年7月21日，乌拉特后旗首届各族各界人民代表大会在乌拉特后旗城圐圙（新忽热）召开，会议公布了乌拉特后旗人民政府财政科组成人员，及经乌兰察布盟人民自治政府批准的乌拉特后旗人民政府各部门和各区(努图克)的负责人。

贡嘎色楞任旗长，萨音、唐德吉日格拉任副旗长。旗政府设秘书室、财政科、民政文教科、建设科、卫生科。金义安、陶德斯钦任秘书室秘书；恩和巴雅尔任财政科科长，张树华任财政科副科长；宝音吉尔格拉任民政文教科科长，李升荣任民政科副科长；嘎拉僧任建设科科长，那木格若喜任建设科副科长；赵青山（图门吉尔嘎勒）任卫生科科长。贡德桑布任公安队队长，色日古楞巴雅尔任公安队副队长，贝力格图任公安队政治指导员。乌拉特后旗辖3个区（努图克），成立区公所。李礼和任第一区区长，王俊枝任副区长；陈满仓任第二区区长，刘玉堂任副区长；

萨木腾任第三努图克区长，塔哈拉乌贵任副区长。

9月29日，乌拉特后旗人民政府所在地迁到菅家窑子村，乌拉特后旗人民政府干部住在王根兰家大院，11月又迁驻阿贵图庙。

10月，中共乌拉特后旗委员会副书记赵忠华任书记，党组织对外公开。

乌拉特中后联合旗人民政府成立

1952年10月15日，根据中央人民政府批示，乌拉特中旗人民政府与乌拉特后旗人民政府合并为乌拉特中后联合旗人民政府，政府所在地海流图。明安满达任旗长，图布新、宝音吉尔格拉任副旗长。政府部门设置基本同前，机构有所增加。

乌拉特中后联合旗辖9个区（努图克）：

第一努图克（巴音温都尔，原乌拉特中旗第一区），政府所在地哈那图庙。

第二努图克（潮海，由巴音温都尔努图克分设），政府所在地潮海。

第三努图克（德力素诺尔，原乌拉特中旗第二区），政府所在地

参加乌兰察布盟政务委员会第三次扩大会议部分代表合影留念。乌拉特前旗、乌拉特中旗、乌拉特后旗人民政府旗长参加会议。前排左二起：旺庆苏荣、巴图毕力格、特布信、辛玉（中共乌拉特后旗委员会副书记、政府第一副旗长）、宝音毕力格，二排左起韩明正、韩是今、萨木腾、毕力格巴图尔、林沁僧格、额日和道尔吉（乌拉特前旗人民政府旗长），后排左起石生荣、巴云英、额仁庆达赖、旺丹、明安满达（乌拉特中旗人民政府旗长）、赵忠华（中共乌拉特后旗委员会书记）。

川井。

第四努图克(沙布格,原乌拉特中旗第三区),政府所在地沙布格庙。

第五努图克(城圐圙,原乌拉特后旗第三努图克),政府所在地城圐圙。

第六区(石哈河区,原乌拉特后旗第一区),政府所在地格尔赤老。

第七区(台梁区,原乌拉特中旗第四区),政府所在地台梁。(1954年8月,划归乌拉特前旗)

第八区(阿贵图区,由原乌拉特后旗阿斯冷沟区分设),政府所在地阿贵图庙。(1953年3月,划归安北县)

第九区(阿斯冷沟区,原乌拉特后旗第二区),政府所在地阿斯冷沟。(1953年3月,划归石拐沟矿区)

乌拉特中后联合旗政府所在地海流图,为原乌拉特中旗人民政府所在地,辖1个居民委员会。

乌拉特三旗人民政府的初期工作

乌拉特三旗人民政府分别成立后,在中国共产党和上级人民政府的领导下,在极为艰苦的条件下,认真贯彻执行中共中央、毛泽东主席对绥远工作"改革旧制度,实行新政策"的指示,认真执行党的"团结、教育、改造"的方针政策,迅速恢复和发展生产,实现"地区解放区化,军队解放军化",开展了剿匪肃特、镇压反革命、抗美援朝、整顿训练干部等一系列工作和运动,推动了社会和经济全面发展。

在牧区开展民主改革运动,废除封建王公制度的一切特权,废除奴隶制,实行"不斗、不分、不划阶级"和"牧工牧主两利"政策;实行牧场公有,放牧自由;实行新"苏鲁克"制;尊重宗教和信仰自由,喇嘛可以还俗娶妻生子,男女一律平等;开展保护牧场工作,防疫保畜增畜,开展"三打两搭"(打井、打草、打狼,搭棚、搭圈)运动;改革苏木建制,建立努图克、嘎查人民政权;大力培养民族干部,派民族干部到省、盟干部学校学习;开展生产自救,救济贫苦牧民,为其发放衣物;全力为群众防治天花、梅毒、性病,北京大学医学院抗梅毒病工作队(抗梅队)巡回服务,从根本上提高民族人口素质和出生率。

在农区组织动员群众围歼匪徒,维护社会治安,开展秋征、减租、反霸、调剂土地、土地改革,实行耕者有其田,解放生产力,废除保甲制,建立区、村人民政权。

人民政权的建立,为乌拉特草

原树起了新的里程碑，标志着延续300年的封建王公札萨克世袭制度彻底结束，人民群众开始当家做主人。从此，在伟大时代的历史转折和社会变革中，乌拉特地区步入由新民主主义向社会主义过渡的光明道路，乌拉特三旗社会安定，民族团结，生产发展，人畜两旺，牧民过上了安居乐业的新生活，乌拉特草原展现出一派欣欣向荣的景象。

行政区划的变动

中华人民共和国成立后，乌拉特三旗的行政区划进行了调整。

1954年6月19日，中央人民政府批准撤销绥远省建制，绥远省行政区域并入内蒙古自治区。乌拉特前旗、乌拉特中后联合旗隶属内蒙古自治区乌兰察布盟。

1958年4月30日，根据内蒙古自治区人民委员会命令，乌拉特前旗、乌拉特中后联合旗由乌兰察布盟划归河套行政区。5月，河套行政区与巴彦淖尔盟合并；撤销安北县建制，其所辖地区划归乌拉特前旗。7月，乌拉特前旗、乌拉特中后联合旗隶属新组建的巴彦淖尔盟。

1960年4月，乌拉特前旗划归包头。1963年11月，乌拉特前旗由包头又重新划归巴彦淖尔盟。

1970年10月3日，根据国务院、中央军委批示，乌拉特中后联合旗划出西部区的宝音图、巴音前达门、巴音戈壁、乌力吉、乌盖、那仁宝力格、潮格温都尔、巴音保力格等8个人民公社，明星、莫林2个合营牧场，成立潮格旗。1971年1月10日，经北京军区前线指挥所领导小组批准，潮格旗正式成立，政府所在地潮格温都尔公社。

1981年9月，根据国务院文件批复，潮格旗更名为乌拉特后旗，政府所在地赛乌素；乌拉特中后联合旗更名为乌拉特中旗，政府所在地海流图。两旗行政区域不变。

2003年12月1日，国务院批准巴彦淖尔盟撤盟设地级市。

2004年8月26日，巴彦淖尔盟正式撤盟设市，乌拉特三旗改隶巴彦淖尔市。

乌拉特后旗概况

2004年，乌拉特后旗政府所在地从阴山北麓赛乌素镇搬迁至阴山南麓巴音宝力格镇。

走进巴音宝力格镇，满眼青绿，民族特色浓郁。历届乌拉特后旗委、旗政府坚持高起点规划，高标准建设，按照"保卫边疆，保护生态，保持稳定，保障民生，新型工业强旗，绿色农牧业固旗，旅游文化活旗，绿化净化美旗"发展思路，全力打造"宜居、宜业、宜游"的特色城镇景观。

现在，巴音宝力格镇面积7.49平方千米，常住人口3.05万人。绿化覆盖面积311.33公顷，绿化覆盖率37.5%；绿地面积283.03公顷，绿地率34.14%；公园绿地面积107.34公顷，人均公园绿地面积达48.74平方米。形成了草原为景、碧水绕城、绿道连城、绿园布城的绿化体系，基本实现了"开窗迎绿色，出门赏园林"的绿化效果。

乌拉特后旗政府通过实施碧水蓝天工程，巴音宝力格镇的生态环境显著改善。城镇管网水检验项目合格率100%，城镇污水集中处理率98%，污泥处置率90%，城镇生活垃圾无害化处理率98.08%。

乌拉特后旗坚持将地域特色、人文历史、时代精神与城市建设相结合，依据巴音宝力格镇山水相依的自然风貌，相继建成了众多标志性的具有民族特色的建筑。

巴音宝力格镇有中国西部最大的奇石、民族手工艺品展销园区玛瑙湖石博城，有连接山水的同歌乐

乌拉特后旗巴音宝力格镇全景

歌景观河，有规模宏大、功能齐全的会展中心，有展示人文历史的乌拉特博物馆，有宽敞明亮的全民健身体育馆，有民族特色浓郁的国际那达慕体育场，有内蒙古西部最大的城镇公园呼格吉勒广场……乌拉特后旗定期举办环塔汽车拉力赛、越野赛、国际那达慕大会、旅游文化节，展出民俗作品，承办国际武术锦标赛等。总之，来到巴音宝力格镇，你会有种心旷神怡的感觉。

巴音宝力格镇主干道建设秉持"一路一景，一路一色"的理念，共有道路15条，总长度149.79千米。

走进迎宾大道，首先映入眼帘的是迎宾主雕。迎宾主雕总高12米，其中雕塑10.5米，基础外露高1.5米。雕塑用花岗岩制作，雕塑底部用圆形种植花圃装饰，配有6盏地射灯，南侧3盏，北侧3盏，提升了雕塑的夜间观赏性。雕塑内容凸显蒙古族风情，有身着华丽蒙古族服饰的人物和动物等，盛情欢迎来到乌拉特后旗的客人，充分展示了地

迎宾湖

方特色和少数民族劳动人民的热情
好客以及和谐美好的生活状态。

　　主雕东西两侧是迎宾广场，广

场东西长108米，南北宽35米，总面
积7800平方米。

　　迎宾大道为临哈高速公路陕

准实施。迎宾大道长3.485千米，路基宽38米，路面宽32米，起始于巴音宝力格镇南环路与巴音宝力格路交叉路口，终止于总排干桥处。

巴音宝力格镇规模宏大的园区——玛瑙湖石博城占地103491.98平方米，建筑面积55048.15平方米，商铺308个。玛瑙湖石博城是西部最大的民族文化产业创业园区，乌拉特后旗欲把玛瑙湖石博城打造成远近闻名的民族文化产业园区，带动当地经济发展，提高当地各类民族产业的知名度。园区是以民族文化产业创业为主线，以文化媒体和新媒体手段打造的魅力乌拉特、精品乌拉特、神奇乌拉特、文化乌拉特、人文乌拉特为一体的综合型文化产业创业园。

紧邻玛瑙湖石博城的，是充满民族特色的国际那达慕体育场，这是一座集民族竞技体育项目与全民健身休闲功能于一体，彰显草原文化、民族特色、现代风情的大型体育场。体育场总投资6000万元，占地14万平方米。2012年7月开工建设，2013年8月建成投入使用。体育场的建设本着开放和实用的原则，坚持高起点、高品位、高标准建设，敞开式结构象征着草原人民包容开放的性格和迎接八方来宾的热情诚意。体育场的正北面是主席台

坝镇至巴音宝力格镇连接线的一部分，道路结构严格按照临哈高速公路陕坝镇至巴音宝力格镇连接线标

和观礼台；西北角是敖包，是蒙古族人民祭祀和祈福的地方；西南角是仿照成吉思汗战车的建筑；东北角是蒙古大营；东南角是参加比赛的马、骆驼的饲养区。

那达慕体育场设有赛马、赛驼、搏克、射箭、驼球等比赛场地，并配有标准篮球场、足球场、排球场、羽毛球场、网球场等运动场地。那达慕体育场已成为各类大型体育

赛事、文化活动的首选之地，先后承办了大型那达慕盛会、文化旅游节以及汽车越野拉力赛发车等大型文体活动，同时也成为群众运动休闲的理想场所，有效地推动了全民健身活动发展，深受广大群众喜爱。

同歌乐歌景观河蒙语意为"清澈明亮的河"。河流总长2.7千米，分为6个区，从西到东分别为垂钓区、亲水区、民族文化区、儿童戏

那达慕体育场

同歌乐歌景观河

城镇建设

玛瑙湖石博城

水区、水上娱乐区、生态景观区，河宽约50米，南北两侧各有50米宽的绿化带，总投资8000万元，总面积为11.82公顷，并分为12个主题公园。同歌乐歌景观河是以追风逐月、草原牧歌为主题设计的，北侧以突出草原文化、边塞文化、农耕文化为主，形成一条展示蒙元文化的长廊，南侧主要是通过广场、亲水平台，一个带状休闲公园，形成亲和、人水相依的文化氛围，是群众休闲、娱乐、健身的好去处。

在城区中心位置有一座造型独特的现代建筑——会展中心。

乌拉特后旗会展中心是集会议、培训、展览、剧院等多种功能于一体的现代建筑，也是巴音宝力格镇标志性建筑之一。该工程总投资8165万元，建筑面积15611平方米，2009年7月开工建设，2012年8月建成并投入使用。会展中心的外部造型突出了浓郁的民族特色，内部主要由剧院、会堂和展厅三部分组成，主要具有三项功能。

会议功能：会展中心会堂部分由一层的1个容纳千人的大会议室、6个均可容纳80人的多功能会议室，以及二层的2个休息室、2个分别可容纳400人和50人的多功能会议室组成。会堂部分各个会议室均配备了现代化的会议设备，具备了承办全

雨后的乌拉特后旗

会展中心

旗、全市乃至全自治区不同规模会议的能力。

　　展览功能：会展中心内部设有2个展厅，一层1953平方米，二层785平方米，是内蒙古西部地区面积最大、设施最先进的旗县级博物馆，达到国内博物馆一流水平。

　　娱乐功能：主要由影剧院构成，内设主舞台、观众席、排练厅、休息室、贵宾室、美工室等附属设施，建筑面积约7000平方米，檐高24.6米，上、下两层观众席共有1060个座位，可满足大型会议、报告、文艺、礼仪、庆典和演艺等活动的需要。

文化遗产 千姿百态

文化遗产　千姿百态

WENHUAYICHANQIANZIBAITAI

乌拉特后旗历史悠久，文化底蕴深厚。在这里，边塞文化、草原文化、黄河文化和农耕文化相互碰撞、相互交融，形成了独特的乌拉特民族文化体系。

乌拉特礼俗文化
婚礼习俗

蒙古族的婚礼是丰富多彩的，它以纯朴豪放的风格区别于其他民族。乌拉特后旗蒙古族婚礼大致有求婚、订婚、娶亲、探望闺女、回门五个环节。

求　婚

中华人民共和国成立前，乌拉特地区蒙古族的婚姻一般是由父母包办的。等儿女长大后，男方父母看中谁家姑娘，并了解到其父母也有此意时，就找一个热心肠的人做"招戚"（媒人），由"招戚"再找1~3人，携带4个油饼、白酒、哈达等礼品到女方家。到女方家后，先将油饼放入盘内摆在桌子上，接着给老人敬酒、献哈达，同时说明此行是为谁家的孩子求婚的。如果女方的家人很愉快地接了哈达，就意味着同意了这门婚事。"招戚"和女方家人根

据双方的具体情况，初步商定订婚的日子。过去，乌拉特三旗台吉出身的男子是不娶台吉出身的姑娘的。

订　婚

订婚仪式比求婚复杂。订婚时，男方家要为女方家送去羊背子、白酒、圆饼、哈达等礼物。这一天，"招戚"领着男方家的长辈、女婿（订婚者）以及亲戚若干人带着礼物到女方家商谈订婚事宜。此行有两个目的：一是商谈彩礼（蒙古语叫"玛拉孟格"），二是商定娶亲的日期。订婚时带的礼物，根据需要和男方家经济条件而定，富者可带全羊、哈达、白酒等，多数人带一套"茶礼"，即哈达、4个油饼、1块砖茶，若干瓶白酒。"茶礼"是代表全羊的，属于重礼，4个油饼代替4条羊腿，1块砖茶代替羊背子。献礼时，油饼在下，砖茶在上，哈达横搭在上面，还以冰糖、红枣作

乌拉特后旗蒙古族新娘头饰

乌拉特后旗蒙古族订婚仪式

为点缀置于其上。

男方将礼品摆在桌子上说明来意后，向女方父母敬献衣袍料子、绸缎和金钱，以酬养育之恩。接着，男方父母启开带来的酒瓶，向女方家的亲朋敬三杯酒。待一切见面礼节行完后，女方家便请亲朋贵客入席。彩礼的商谈是在宴席中慢慢进行的，蒙古族把这种宴席叫作"乃日"，意思是联谊。等亲朋贵客入席后，放"乌查"（羊背子）并由一个能说会道的人诵祝颂词。

这时，女方家要敬酒，还要女方家请来的两名歌手站在蒙古包的东南角唱三支歌，大家喝三次酒。然后，席间宾朋回敬一支歌，敬歌手一杯酒。接下来就是大家欢聚一堂，共祝皆大欢喜，彩礼也在宴席中商定了。

娶 亲

娶亲是婚礼的高潮。娶亲的日期在订婚时已经选定，但是为了避免出现差错，在娶亲前，还要互相通报情况，确定娶亲、送亲的人数和来去的时间，有时提前送彩礼。

首先举办的是女方婚宴（聘姑娘）。在乌拉特后旗，婚礼的顺序是先聘后娶，因此，娶亲的人必须在商定的日子去女方家，娶亲人数必须是单数。

娶亲的人尤其是新郎要骑好马，人和马都要打扮好。到达女方家门口时，女方家早已在门外铺了一块毡子，摆了一张方桌，上面摆放好奶食、烙饼和白酒，由一名祝颂的人带领几名敬酒人，欢迎娶亲队伍。娶亲队伍到来后，双方问好请安，娶亲的人为每一位迎亲的人敬三杯拦门酒。在迎亲的人拦门时，双方祝颂人要展开一场"舌战"，女方家人提问，男方家人回答。迎亲的人问："祖籍为何地？何家人氏？为何在这阳光明媚的早晨成群结队、神采奕奕来到此地？……"娶亲的人回答："祖籍为美丽的呼伦贝尔呼布图奈曼查干、图门乌力吉，祖先为布尔海诺颜。为了美好的姻缘到此前来娶亲……"迎亲的人又问："既然如此，带来了什么样的礼物？"娶亲的人回答："带来了金银财宝、绫罗绸缎、牛马驼羊。"就这样一问一答，直到娶亲的人说出九九八十一种礼品，才可进屋，否则就要被戏耍。进入蒙古包后，娶亲的人要向女方家长辈以及亲朋好友一一请安问好。礼毕入座，女方递烟、献茶，而后敬酒。接着男方

乌拉特后旗蒙古族婚礼（一）

乌拉特后旗蒙古族婚礼（二）

将带来的"乌查"和一套"茶礼"并排摆在桌上，说："亲家、亲家母、众亲戚请受礼。"男方斟酒人打开带来的酒，向女方长辈、亲戚朋友每个人敬献三杯酒。男方敬完酒，女方的一位代表将礼物微微挪向娶亲的一方，给男方每人敬一杯酒，歌手唱三首歌，传统曲目是《聚福》《天赐缘福》《洪福》，通称"三福"。歌罢，双方稍事休息，重整盘碗，举行盛宴。

盛宴一开始，坐首席的长者引吭高歌后，歌手们接连唱三首祝颂歌。其后，由首席的长者念着颂词奖赏歌手。接着，女方上"乌查"热情款待。席间，女方的年轻姑娘、媳妇、小伙子频频敬酒，场面

非常热闹。而后，伴娘把新娘领到宴席厅，男方祝颂人向女方家的一位嫂子求问新娘姓名与属相，两人一问一答，巧妙周旋，也很热闹。其间，女方家姑娘、小伙子们为了考验新郎的智慧和力量，端来一个羊脖子，让新郎从中间掰开，有时在羊脖子中故意插进一根红柳枝，新郎觉得非常吃力。趁这时，屋外有人将新郎的坐骑藏了起来。盛宴一直延续到第二天姑娘出嫁时的吉日良辰。因为过去牧民游牧居住分散，同一家族、同一部落内不准通婚，一般结亲双方路程较远，须早早启程。第二天，天还没有亮时，新娘便在众姑娘的簇拥和帮助下，穿上鲜艳的服装，在送亲歌声中与家人依依惜别，出门上马。送亲歌

的大意是：

> 你像清泉那样流淌，
> 你像春柳那样飘荡；
> 姑娘出嫁远离家乡，
> 送别时为你放声歌唱。
> 你像金盅里的酒那样清澈，
> 你像修剪过的树木那样修长；
> 姑娘出嫁远离家乡，
> 送别时为你放声歌唱。
> ……

这时，娶亲的人出门上马，女婿找不到坐骑，向女方家人求情说好话、献哈达方可找回坐骑。众人在马背上接受三次敬酒，便告辞起程。

从女方家到男方家的途中，娶、送双方并不是只顾赶路，还有热闹的追逐戏逗场面。距男方家5~6千米时，新郎跃马扬鞭，赶上

乌拉特后旗蒙古族婚礼（三）

走在前面的新娘，用镫击响新娘坐骑的镫梁，不让送亲的靠近。送亲的亦策马扬鞭，设法追上新郎夺其帽子，这也是对新郎坐骑和新郎骑术的一次考验。你追我赶，你争我夺，气氛热烈，非常有趣。

如果男方保护不力或因新郎的马跑不快，新郎被抢走了帽子，大家会笑他无能，说他的马是老牛，新郎会觉得很不体面。而后，新郎要手捧哈达献给抢帽子的人，说好话索回帽子。击镫、抢帽子是娶亲路上的一个极为热闹的场面。乌拉特后旗蒙古族人在喜庆宴会上如果不戴帽子，会被视为没有礼貌。

接着举办男方婚宴(娶媳妇)。当娶亲的队伍即将回来时，男方门外铺一块大白毡或地毯，同辈人出门迎接，长辈们在家依次从左侧坐定，饮酒取乐，等候娶亲的回来。新娘到达门前，未下鞍就要品尝盛在银碗内的鲜奶，随后在别人的搀扶下，同马鞍一起滑落在白毡或地毯上，因为新娘的脚是不能着地的。新娘由伴娘或嫂子们簇拥着，脚踏白毡步入蒙古包。送亲的必须在迎亲桌前接三杯酒后，方可进屋。届时，男方歌手在屋里引吭高歌，以示热烈欢迎。

新娘进入蒙古包后，蒙着面纱，在蒙古包的东南角炉灶前磕头拜火，这磕头不是跪地磕头，只是新娘由伴娘或嫂子陪伴被按着头表示磕头（因为新娘头上戴着至少有5公斤重的头饰）。新娘拜完火后，在伴娘或嫂子的陪同下来到宴席厅，以辈分和年龄为序，逐个向长辈和众亲戚磕头，受礼者都要向新娘赠送礼物，大至牛马驼羊，小至衣料银圆。赠送牲畜时，必须赠送生产母畜，这是一种兴旺发达的美好祝愿。

新娘磕完头就要退出（倒退出去）时，年轻人从外面将门堵住，不让新娘出门。新娘只好把平时绣好的手帕、烟荷包等送给他们。蒙古民族的习俗中耍笑新娘也只在这个时候，别的时候是不允许的，尤其不允许闹洞房，不允许娶新耍旧，耍笑老人，很讲文明礼貌。

新娘磕完头，进入洞房。此时，婆婆按习俗面容严肃地坐在房内，侯嫂为新娘取掉蒙面红纱，开始举行分发（头发）仪式。先由婆婆用筷子去分，接着侯嫂们给新娘缠发髻。而后，在新娘头上套一下绸袋装着的马笼头，以示驯服新娘。接着为新娘穿上敖晶海（小坎肩）和有四个开衩的长坎肩，佩戴全套头饰，再把新娘送到宴席厅，婚礼宴开始了。

盛宴（酒宴）开始时，必须先上茶，然后敬酒，接着放"乌查"。敬酒时必须致祝酒词，放

向长辈敬酒

"乌查"时必须唱放"乌查"颂词，之后唱婚礼歌，即"三福"歌。在这期间，新郎、新娘在伴郎、伴娘或嫂子的陪同下，给来宾一一敬酒。主婚人和一些长辈每接一杯酒，还要祝颂一番。所有人在几名特邀歌手的带领下，唱传统的歌曲，古老悠扬的乌拉特民歌此起彼伏，歌声、欢笑声伴着美酒佳肴使婚礼达到了高潮。按习俗，宴会要持续到第二天，富贵人家的婚礼甚至更长一些。送亲的人辞行时，男方要向每个送亲的人致以薄酬，并在门外较远处铺上毡子，摆上方桌，桌上放两块圆饼和一个羊头，这时屋里唱起一首辞行歌——《阿拉泰杭盖》，由双方主婚人手捧银碗，敬上马三杯酒后，送亲的人告别。女方主婚人上马后，接住男方递来的羊头边向右手方向扔去，边飞驰而去。

探望闺女

探望闺女是送亲的人到新房探望新娘的一种仪式，有当时探望和几日后探望两种，程序非常简单，但也很重要。如果女方不探望新娘，那么新娘就不便回门了。

回 门

乌拉特后旗蒙古族婚礼中的回门仪式是由婆婆领着儿子、儿媳，带上"乌查"或一套"茶礼"，去儿媳父母家的一种礼仪。回门没有固定的时间，一般是婚后的适当时间。回门虽不复杂，但也很重要，因为未回门，就意味着婚礼还未结束，双方亲家也不便互相往来。回门时，女方家

祭火（一）

祭火（二）

要设酒宴，款待亲家和女婿。这样，一个完整的婚礼便告结束。

乌拉特祭祀

乌拉特后旗传统祭祀主要有

"三祭"：一是祭火，二是祭穆纳山（乌拉山），三是祭敖包。

祭　火

蒙古民族认为火是神灵的化

祭火（三）

身，是纯洁的象征，它能驱走严寒，给人们带来温暖，能把肉烤熟使之成为美食，故每年腊月二十三、二十四过小年，乌拉特后旗蒙古族都要把蒙古包打扫干净，摆上供品，请喇嘛念经，诵祭火词，举行祭火活动。

祭穆纳山

穆纳山是阴山山脉的一段，

祭火（四）

秦汉时也称"阳山"。1600多年前的北魏始称"跋那山"，北周称"木赖山"，唐称"木刺山"，辽称"模赧山""牟那山"，西夏称"午腊蒻山"，元称"木纳山"，明称"母那山"，清称"木纳汉山""木纳山""穆纳乌拉"等。据《周书·文帝纪》："太祖文皇帝姓宇文氏……其后曰普回……普回子莫那，自阴山南徙。"《辽史·世表》记载："普回有子莫那，自阴山南徙，始居辽西。"《唐书》记载，鲜卑"宇文氏出自匈奴南单于之裔"。其后裔自莫那东迁后逐渐演变为契丹。可见，"穆纳"一词源于匈奴与鲜卑结合后的鲜卑宇文氏，有人按古突厥语释意为"永恒"，同时也说明阴山是北方游牧民族的故乡。

乌拉特部落在清朝顺治六年（1649年）从呼伦贝尔迁到此地后，将这座山称作"穆纳山"。到了民国时期，当地汉族认为此山是乌拉特人管辖的地方，所以叫"乌拉山"，这一名称慢慢流传下来，成为穆纳山的汉文名。

《蒙古秘史》记载：成吉思汗在早期被蔑尔乞特人追赶时，藏在一座山里，蔑尔乞特人绕山三圈也没有找到成吉思汗。成吉思汗下山后告诉人们，是山掩护了他，他将每天祭祀和祈祷，让子孙知道这件事。到了元代，忽必烈曾制典，要求皇帝和蒙古诸王每年必须致祭名川大山，从此，蒙古族开始形成崇尚山神的习俗。牧民通过祭祀，祈祝草原风调雨顺，五畜兴旺，大吉大利。

到了18世纪，乌拉特西公旗旗庙昌梵寺梅力更庙的第三世活佛罗布生丹毕扎拉森，把祭穆纳山的萨满教风俗改变成佛教的风俗礼节，从佛教理论确定了穆纳山是神山，是蒙古民族的第二故乡，是历代蒙古民族繁衍生息的摇篮。穆纳山被神化了，人们认为穆纳山是有主的，他就叫"穆纳汗"。从这时开始，祭穆纳山被改为祭穆纳汗。祭穆纳汗主要由梅力更庙主持祭典，乌拉特三公旗都要参加梅力更庙活佛亲自主持的诵经活动。

每年农历五月初，乌拉特三公旗分别以札萨克诺颜为首，带领旗府衙门大小官吏、贵族台吉、喇嘛僧侣和平民百姓，跋山涉水，爬上穆纳山最高峰大桦背，举行祭奠仪式。当时，乌拉特三公旗的祭奠活动虽然形式基本相同，但祭奠的日期和地点有所区别。

乌拉特中公旗在每年农历五月初三祭祀穆纳山大桦背主峰北侧峰顶上的苏布尔干朝鲁(塔式岩)。乌拉

祈福

特西公旗则于每年农历五月初五祭祀穆纳山的主峰大桦背。乌拉特东公旗于每年农历五月初七祭祀穆纳山苏布尔干朝鲁旁的阿布达尔朝鲁（柜式岩）。

　　当时，除各旗统一组织的祭祀活动外，乌拉特三公旗的平民百姓也以苏木或家庭为单位，选择穆纳山各处的奇石怪岩定期祭祀。这样的祭祀台在穆纳山就有100多处。

　　乌拉特西公旗祭祀穆纳山大桦背时，有一些独特的习俗，如札萨克、大小协理和管旗章京不必每年都去祭祀圣山，而左、右、中章京(即扎兰)三人每年必须轮流率领四个苏木章京带上"乌查"等各种祭品去祭山。具体规定是：如果是中章京率领前去祭祀，那就必须由

伊克苏木、巴嘎苏木、塔布图苏木和都统苏木章京陪同前往；如果轮到中四苏木，由右领章京带领前去祭祀，那就由伊克阿拉达沁苏木、高勒苏木、巴嘎阿拉达沁苏木、额哲格沁苏木章京陪同前往；如果左领章京领头祭祀，就由乌兰奴德苏木、哈日奴德苏木、何日尼图苏木、焦沁苏木章京等陪同前往。

　　每年农历五月初五，乌拉特西公旗大小官吏、贵族台吉、喇嘛僧人和普通民众带上祭品，到穆纳山大桦背峰顶集合。祭祀活动开始前，大家一起动手将穆纳山大桦背峰最高处悬崖绝壁上的苍松老柏，用各种绫罗绸缎和哈达羽翎等装饰一番。同时，在祭祀台中央恭恭敬敬地摆上"穆纳"的彩像(是

一位身穿盔甲、英勇威武的将军，右手挥戈，左手托圣盘，乘坐一匹棕色骏马，正从熊熊火焰上飞驰而过），两侧插上刀枪剑戟等各类武器，台前点燃香，供奉各种祭品。祭祀开始时，松柏香味四溢，两排座位上的喇嘛按宗教职位排好座次诵经。他们所念的《赞颂经》的部分章节是由梅力更庙的第三世活佛罗布生丹毕扎拉森用蒙古文编著的，由阿鲁希热庙的噶根呼勒庆贵用藏文翻译成蒙古文。其大意是：

"噢玛尼，朝克图瓦其尔，

帝王之位归属蒙古大帝之时，

曾以穆纳山作为金殿玉座，

以吉祥如意的穆纳山脉，

作为好的依托。

杰出明智的劳布生拉布哈教主，

也在此曾与珠卡斯瑞信众们誓师。

为了所向披靡征服顽敌，

祈祷天灵相助，获取胜利。

开元大帝您虽然来去无踪，

托您洪福大智，

略表我等诚心诚意。

以您的神力佛法普照生灵，

请各方神仙携手莅临，

吾等平民，诚心恭候在此祈求你们，

用各自的神功，

拯救我等万物生灵。

恳请穆尼将军下凡光照人间。"

其后，由众喇嘛诵《净洁圣山的前大木尼经》《穆纳赞》《祝福经》，这些经文的大意是：

"噢玛尼！

仿照古时教主巴达玛桑布祭祀玉皇众神习俗，

吾等珠卡斯瑞尊师信众们，

以诚挚的祭祀，

净洁我们威武雄壮的穆纳山岳。

在吾等用永不熄灭的火堆祭祀香火，

祭祀净洁大地母亲和上天各路众神……"

念经颂赞后，正式祭祀开始时，先是王公贵族，后是平民百姓，按等级阶层依次烧香磕头，敬酒祈祷，各自祈求山神降福人民，吉祥如意。乌拉特三公旗祭祀穆纳山还有一条戒律，人人必须遵循：参加祭祀的人因为路程长短不同，可以先后到来，但必须骑马或徒步上山，决不允许骑驴、骡上山。

祭敖包

敖包是专门用土、石头或木头垒起来的"堆子"。敖包系蒙古语，意思是"堆子"或"鼓包"，一般设在较高而平坦的地方，大小不一，其形状有塔形和圆锥形两种。三层塔形敖包高约6米，六层塔形敖包高约8米，底部直径约32米，用石头砌就，第二层留小门。多数敖包只垒一个"堆子"，有的敖包中间垒一个大敖包。大敖包顶部插

参加祭祀的群众

一个粗壮的灌木，以示神威。有一个或几个浩特（牧人居住的自然屯）以及一个地区祭祀的敖包，也有一个苏木或一个旗祭祀的敖包。

祭敖包多在水草丰美、牛羊肥壮的农历五月进行。乌拉特三旗一般在农历五月十三举行祭敖包活动。祭祀礼仪有血祭和奶祭两种。血祭即宰杀牛羊做供品；奶祭则不宰杀牲畜，不见血，只以奶食品、酥油饼、酥油粥和糖果等食品祭祀。农历五月十三，牧民穿着鲜艳的民族服装，骑着马、带上供品，踊跃参加祭敖包活动。牧民在敖包顶部的树上插满五颜六色的绸带布条，挂上写有经文的旗幡(有时还系上牲畜毛角)，把敖包装点得五彩缤纷，场面庄严肃穆。敖包达木勒(主

持人)将供品摆在敖包前的供桌上，前来参加祭祀的人也紧随其后，将自己带来的供品一一摆上。

祭祀开始，达木勒献哈达、斟酒；喇嘛点燃香，诵颂祭祀经文或祭祀文。所有参加祭祀的人在敖包前行跪拜礼，默默地祈祷神灵保佑，除病祛灾，风调雨顺，五畜兴旺。随着诵颂经文的节奏，牧民们从左向右绕着敖包走三圈。这时，有人牵来一匹特定毛色(多为白色)、膘肥体壮、未剪鬃的马，并在马鬃上系上彩色绸带，绕神火走几圈，消除秽气，然后作为该敖包的神马放生。对这匹神马，不准剪鬃，不准骑用，待其自然老死后，将其头颅置于该地高处，以镇邪魔，并选用同类毛色的马继承。

神马放生后，达木勒双手托起一只盛有奶食并用哈达彩绸装饰的檀木桶和一支用哈达装饰的箭，嘴里念着招财语："祝愿福寿永存！福来！福来！福来！"参加祭祀的人随着念："福来！福来！福来！"而后，达木勒将供品分发给大伙儿共同享用，大家开怀畅饮。在分享供品时，谁要是分到了胫骨，他就不可推卸地成了下一年度祭祀该敖包的达木勒。接下来，便是热闹非凡的摔跤、射箭、赛马、下棋、弹羊骨码等文体娱乐活动。

祭敖包应当是由祭山神衍生出来的，因为敖包都建在山顶上，同样体现了蒙古民族对山的崇拜。乌拉特后旗自古以来就是北方少数民族繁衍生息、生产生活的地方，在古老的萨满教时代就有祭祀敖包的习俗。《史记》和《蒙古秘史》中都有关于匈奴至蒙古帝国时期敖包祭祀的记载，分布于乌拉特后旗的阴山岩画也隐含着这方面的信息。

"敖包"是指垒积在一起的石堆，一般呈圆锥形。在乌拉特后旗

敖包

境内随处可见这样的石堆，但绝大多数不享受祭祀待遇，只是一些路标和边界敖包。最典型的敖包建造形式是在中央大敖包两侧分别建有六个小敖包。由于历史的缘故，乌拉特三旗几乎没有明确的界线，如今在乌拉特后旗境内享受全旗牧民共同祭祀的敖包主要有阿拉腾浩日格、潮格温都尔、杭锦、二狼山、莫格泽门、阿布日拉图、何楚乌兰等。但关于它们的始建时间、功能、享受的待遇没有明确记载，说法不一。巴彦淖尔市菩提萨壤宗教协会会长、乌拉特后旗毕力盖庙第八代活佛鲁布森介绍，乌拉特后旗境内的敖包从建造时间、建造人、功能和影响力来说，最具代表意义的有三座，分别是阿拉腾浩日格敖包、潮格温都尔敖包和杭锦敖包。

鲁布森活佛这样讲述阿拉腾浩日格敖包的来历。成吉思汗东征西战，戎马一生，他每次征战之前都要把母亲安置在雄伟险峻的山峰之上，以防止敌人的袭击和掳劫。在几次的西征中，他都把母亲安置在乌拉特后旗的阿拉腾浩日格山上。

阿拉腾浩日格山位于乌拉特后旗巴音宝力格镇浩日格嘎查。山高2000多米，上山之路崎岖险峻，山上却是平坦开阔，南可遥览黄河，北可顾望家乡。苍松翠柏，云低鸟

盛大的祭敖包仪式

唱，泉水含珠，香花瑶草。

诃额仑夫人也非常重视这个地方，她让成吉思汗在此接天连地的仙境建设敖包，用来祈祝草原风调雨顺，人畜安康。成吉思汗遵从诃额仑夫人的谕旨，在此建立了两座敖包，一座就是延续至今的祈福敖包——阿拉腾浩日格敖包，一座是专供成吉思汗的武士训练和祈求战事顺利的军事敖包（现已荒废不用）。

如今，阿拉腾浩日格山已成为乌拉特后旗的旅游和朝拜之地。每年农历五月十三，这里都要举行隆重的祭敖包活动，人们从四面八方涌来，在喇嘛诵经声中烧香叩拜，还要举行赛马、摔跤、射箭比赛和歌舞活动。最后举行露天大餐，凡来者皆席地而坐，美酒加炒米、奶茶、手把肉，尽情享用。

潮格温都尔山是乌拉特草原的风水宝地，它的历史和年代也比较久远。如果说东乌盖河和西乌盖河是两条巨龙，那么潮格温都尔山就是二龙相戏的珠子。人们祭祀的目的就是祈求山水风物，风水永驻。

为什么说杭锦敖包在乌拉特后旗的敖包中也具有代表意义？鲁布森活佛是从乌拉特后旗的历史沿革考虑的。他认为，在达延汗重新统一蒙古各部后，乌拉特后旗地区隶属鄂尔多斯的杭锦旗。在杭锦旗范围内没有高山，所以把敖包建在了现在这个地方。这个敖包是属旗敖包。清朝对蒙古采取分而治之的"盟旗制"，乌拉特三部被编为三

穿着盛装祭敖包

个旗，移居现在的地区，从此，该地区便称为"乌拉特旗"。这里的敖包随着乌拉特三公旗的设立和喇嘛教的盛行逐渐多了起来，出现了旗属敖包、寺庙敖包、地界敖包、浩特敖包、户家敖包等。有一个民间谚语将此现象总结得很准确："围着席宴坐满了官爷，围着山丘建满了敖包。"

敖包类型的多样化，祭祀活

敖包祭品

诵经祈福

动日益频繁和隆重，建造敖包的目的同时被注入官府和喇嘛的各种意图，牧民也在功利的驱使下使敖包祭祀增加了新的内容，以满足不同的福祉需求。

敖包祭祀由于功能不同，享受的祭祀待遇也不同。有的享受荤祭（肉食），有的享受白祭（奶食），也有火祭和玉祭。有人说莫林的塔本达黑勒敖包只享受白祭，

牧民将哈达系在敖包上祈愿

决不能用血腥之物祭祀，否则立刻会遭到报应。达拉盖口与乌盖口之间的呼很查干敖包具有不孕妇女求子的功能，据老人讲十分灵验，但如今已被废弃。

敖包祭祀的时间、先后顺序也有规定，一般在农历的五月和六月间进行。位于巴音宝力格镇金门嘎查的二狼山敖包分东、西两个敖包，先祭哪个、后祭哪个、怎样轮转都做了十分严格的规定。

敖包祭祀的主祭人也有不同，有的由僧侣主祭，有的由牧民挑选会头主祭，有的僧侣和牧民合祭。过去，戈壁境内的莫格泽门敖包须由台吉贵族祭祀。

乌拉特礼节

乌拉特后旗的蒙古族敦厚诚实，热情好客，很讲究礼节。

问　候

在乌拉特传统礼仪中，问候礼节具有特殊性和严肃性。对宾客不论熟人还是陌生人，一定要相互请安问好，否则就被认为没有礼貌和轻视他人。当有客人到来时，必须到门外迎接。如果客人骑马而来，必须等客人下马后向客人问好；而且来客时，家中的所有人依次向客人问好。问候时，男子曲右膝，右手下垂至膝；女子两手相握，曲双膝，上下伸动。

见面问候语是："他赛音努(好吗)？"早些时候也问："阿木尔晤(平安)？"客人回答："赛音(好)。"客人亦向主人一一问好。

客人进蒙古包时，要掀毡门帘的左边，不能踩门槛。客人进入蒙古包后坐右边(即西边)，上首即北面多为尊长者所坐。就座后，双方取出鼻烟壶，鞠躬互换，各自举到鼻端嗅一嗅即可送还。此后，彼此问候身体、牲畜膘情等，也按季节问询气候冷(暖)、雪(雨)大小、雨水草场等，主人和客人一问一答，彼此表示敬意。

蒙古民族历来讲究餐具分开使用，到别人家做客时自带碗筷。主人用双手献奶茶，客人也用双手接。给客人的茶碗不能倒满，且将茶壶、奶食品都放在客人面前，客人随便倒茶、吃奶食品。对主人盛好的茶饭客人不能不吃。如果客人是自己家亲戚，绝不空手来，客人会给主人家每人都带一份礼物。

如果在野外见面，一方若是长辈，晚辈必须下马向长辈问好请安。

家庭成员必须互相问候的情形有以下几种：一是过年时，大年初一点燃旺火后，家庭成员依次坐好，按辈分、岁数大小依次献哈达，换鼻烟壶，相互问候请安。但夫妻之间是忌讳献哈达、换鼻烟壶的。二是出门回来时，必须向长辈请安问候；如果是长辈出门回来，晚辈必须向长辈请安问好。

如果父母、兄长、丈夫(妻子)去世了，在丧葬期间是不向别人问好的，别人问好不予回答也不被视为失礼。

敬献哈达

敬献哈达表示友谊、和谐、善良、安康之意，一般在重大活动、节日或欢迎尊贵客人时进行。哈达用丝绸做成，一般为白色、浅蓝色和黄色，蓝色的较多，长度通常为1.7米左右，宽度不等，绣有"云林""八宝"等民间花纹图案。蓝色哈达一般用于民间问候安康、转告举办某种请宴之时，白色哈达多用于老人祝寿和高规格的大型活动场合，而黄色哈达用于供奉庙宇、喇嘛。献哈达时，必须伸出双手，手心朝上，腰腿弯下来把哈达高高举过头，献给对方。对长辈、贵宾献哈达时要把哈达对折起来，折口缝要向着长者，递到对方手掌上，否则为失礼。

递鼻烟壶

递鼻烟壶是蒙古族的古老习俗，也是最普遍的相见礼，鼻烟壶为日常交往中的一种诚挚信物。鼻烟壶一般用玉石、象牙、水晶、玛瑙、翡翠、琥珀和陶瓷等材料制成，也有少数用金、银、铜等制成。

鼻烟壶内装有烟草制品，用有油分和香味的干烟叶加入名贵药

互递鼻烟壶

材，磨成粉末装入密封容器陈化而成，用手指把少量鼻烟放在鼻孔前嗅一下，可以提神爽志。过去，吸闻鼻烟是一种习惯，如果是同辈相见，就用右手相互交换鼻烟壶，或双手略举鞠躬互换，然后将鼻烟往手心上倒出一点，用手指蘸一下，抹在鼻孔上闻闻气味的优劣，同时观赏壶的样式、颜色、雕刻艺术，最后彼此奉还。如果是尊者、长辈和小辈相见，尊者、长辈要微欠身，以右手递给小辈。小辈要单腿跪地，用双手接过鼻烟壶，嗅一嗅即奉还。如果小辈给尊者、长辈呈鼻烟壶，要将身子前倾鞠躬，双手高举鼻烟壶，单腿跪地，尊者、长辈以左手接过，嗅完还回。中华人民共和国成立前，在给王公呈鼻烟壶时，要双腿跪地，双手高举鼻烟壶，王公身子略俯，用鼻子嗅一嗅，就将鼻烟壶留下了。20世纪50年代以后，蒙古族群众基本上不使用鼻烟壶了，以握手取代。

敬　酒

乌拉特后旗人热情好客。来者无论地位高低，都是客人。过去，乌拉特后旗蒙古族出门放牧时没有锁门的习惯，来客或路过的人走进蒙古包自己动手，吃饱喝足后关好门走人。这样做，主人很高兴，因为这体现了来客或路过的人对他们的信任。

乌拉特后旗蒙古族习惯以酒待客。每逢过年过节、办喜事，招待客人以及遇到比较重要的活动，都要以酒相待，主客之间要相互敬酒。敬酒时先从来客的长者和主人家的长者开始。每逢重大节日和迎接尊贵客人时，主人用哈达和银碗敬酒，这是比较高的待遇。过去给客人敬的酒都是自制的奶酒，奶酒虽度数不高，喝上两碗一般不会醉，但如果你喝上一两杯陈年奶酒，一见风会马上醉倒，甚至两三天醒不过来。

奶酒是乌拉特后旗蒙古族最早饮用的酒，就是人们常说的"马奶酒"。其实，奶酒不只是马奶酒，还有牛奶酒、羊奶酒、驼奶酒。马奶酒有驱寒、活血、舒筋、补肾、消食、健胃等功效，蒙医常用它与其他药物配合治疗胃病、腰腿疼和肺结核等疾病，马奶酒对冠心病、高血压、高血脂也有一定的疗效。马奶主要用于招待客人，当作饮料。因为夏秋季天气比较炎热，人们容易口渴，马奶是最好的冷饮。在那达慕大会上，赛马时，大人们给赛马的孩子们喝马奶，怕孩子们在路上口渴。

蒙古族制作的奶酒分三个等级：头锅奶酒叫作"阿力黑"，二锅奶酒叫作"阿日扎"，三锅奶酒叫作"胡日扎"。奶酒的制作工艺比较简单，同提取蒸馏水的方法相同。先把奶子放数日发酵，然后放进大锅煮沸，大锅上面放着接收蒸汽的大铁盖和流出蒸馏水的管道，管道下面放着瓶子和其他器皿，这样接收的蒸馏水便是"阿力黑"，意思是"酒"。再把"阿力黑"回锅，进行第二次蒸馏，就变成了"阿日扎"，意思是"曲酒"或者称作"二锅头"。再把它回锅，就会变成"胡日扎"，意思是"酒精"。在古代，蒙古人把"胡日扎"当作毒酒，一般不给人喝，因为酒精喝多了，人确实受不了，甚至会丧命。

乌拉特后旗蒙古族非常讲究敬酒礼节。招待客人时，一般是青年人敬酒；如果家里没有青年人和孩子，老年人也可以敬酒；如果家里有几个人，谁的年龄小，就由谁敬酒。过去，迎接凯旋的英雄或者欢送出征的勇士时，由德高望重的男性老者长辈敬酒。

乌拉特后旗蒙古族的敬酒方式和其他地区蒙古族有所不同。内蒙古东部的呼伦贝尔、科尔沁和内蒙古西部的鄂尔多斯、阿拉善敬酒论双杯，而乌拉特后旗蒙古族讲究敬三杯。如过年过节时，敬新年一

杯、旧年一杯、家酒一杯；平时亲朋好友来做客时，敬客人一杯、主人一杯、家酒一杯。家酒代表父母、祖宗，敬家酒一杯，意在随时提醒人们：如果没有父母和祖宗就没有这个家。乌拉特后旗蒙古族的敬酒礼节在20世纪80年代初受到了

蒙古族同胞们的普遍认同，由此就有了"蒙古人三杯美酒"的美称。客人喝三杯美酒时，不许一次性喝完，第一杯品尝，第二杯喝半杯，第三杯最好喝完。酒席间歌声不能中断，唱过的歌不能重复唱。

在乌拉特后旗，给客人敬酒必须站着，首先要整好衣冠，扣好纽扣，把酒斟满，左手托起右手，高举酒杯，身体向前微倾。递出酒杯后，女性膝微屈，男性腹部略前倾，双手仍高举，等客人喝完酒，右手接杯，身体略躬，表示谢意。

敬酒时须把酒盅斟满，用半盅

敬酒

酒敬人很不礼貌。不能因为客人酒量大就为他多倒一点，客人酒量小就为他少倒一点。

敬酒应一视同仁，而且客人必须接酒，不得因为不会喝酒，或者因为自己是妇女或儿童而拒绝接受敬酒，不接受敬酒是不礼貌的一种表现。客人接来酒杯后，会喝的可以多喝一点，不会喝的应当象征性地尝尝，再把酒杯放在自己的面前；不得接来后尝也不尝就放在桌子上，这样做也是失礼的。

接酒时老年人可以坐着，青年人和孩子必须站起来接酒。要用右手接酒，老年人可以单手接酒，青年人和孩子必须双手接酒。

来客接了敬酒以后必须回敬，一般回敬一次即可。客人临走的时候再敬主人一次，特别是接受了成年人的敬酒之后必须回敬，回敬时须把自己的酒杯斟满。如果酒杯里的酒很满，那也必须把酒壶或酒瓶拿来，在酒杯上滴几滴，表示重新给主人斟满了酒，不能把自己面前的酒杯随手拿起来敬给对方。主人接了酒可能喝一点后，再拿起酒壶倒一点回敬，客人也喝一点后放在桌子上。蒙古族没有划拳之类的惩罚性喝酒的习惯，不划拳，不吃罚酒。

春节期间，孩子或者青年人给老年人敬酒时有磕头的习惯。如果是近亲，必须磕头，但是并不要求老年人把酒全部喝掉。年轻人之间敬酒，任何时候都没有磕头的习惯。

中华人民共和国成立前，乌拉特后旗蒙古族恪守着这样的规矩：无论大小宴席，不唱"三福"不开宴席。如今，敬酒时唱歌的礼节主要是在大型宴会或婚礼上，蒙古族并不是一喝酒就要唱歌。蒙古族的婚礼是一场很有意义的文艺活动，每当娶亲、订婚总要唱歌敬酒，蒙古语叫作"乃日"，意为"联欢"。但不是在座的人都要唱歌，也不是一个人唱，而是专门请歌手站在一边唱，其他人要静静地听着，不能歌手在那里为你唱歌，你却坐在一旁说话。每当歌手唱完一首歌，你要拿起酒盅喝一口，或者尝一尝，不能没有任何反应。歌手唱完三首歌后，其他人共唱一首歌，共同敬歌手一杯酒。

乌拉特后旗蒙古族敬酒礼节中还有一个惩罚醉汉的方法。谁要喝了酒胡闹不听话，就要把他用毡裹起来，用绳子把他捆住放在一边，等什么时候酒醒了才放人。

乌拉特寺庙文化
乌拉特的寺庙

藏传佛教从元朝开始传入蒙古地区后，经过元、明、清三个朝代，逐渐发展为蒙古民族信奉的主流宗教。清朝统一中国后，更是将佛教作为"驭藩工具"，在蒙古地区积极推行佛教并广建寺庙。据统计，当时，仅乌拉特三旗的属地范围内就有寺庙上百座。因行政区划的改变，如今，乌拉特后旗境内的寺庙有27座，已恢复法事活动的有巴音善岱庙、善达古庙、东升庙、毕力盖庙，未恢复法事活动的有巴格毛都庙、哈日朝鲁庙、乌力吉图庙等。

乌拉特后旗的各个庙堂供奉的神佛主要有显宗佛像、密宗佛像和护法神祇。显宗佛像神态慈悲、和善，有释迦牟尼、弥勒、文殊菩萨、三世佛、阿弥陀佛。密宗佛像大都显得威严、愤怒，这些佛像有的千手千眼，有的三头六臂，有的手持法器或兵器，有的浑身系着人头的装饰，有的手持骷髅。密宗佛像的种类较多，主要有毗卢遮那、观音菩萨、度母、胜乐金刚。护法神祇像多狰狞威严、凶悍可怖，有牛头，有马面，有的青脸红发、巨齿獠牙，大部分神祇足下踏着各种妖魔，给人一种护法神力大无穷、气势不凡之感，如玛哈噶拉、调度母等。

巴音善岱庙

巴音善岱庙（永觉寺）是乌拉特后旗建设最早、规模最大的一座佛教寺庙，也是乌拉特后旗最大的学问庙。乾隆皇帝赐匾"脑门乌力吉图寺"，八世达赖喇嘛赐名"拉西都令"。庙址在今获各琦苏木乌宝力格嘎查。庙内设有乔依拉札仓（哲学院）、满巴札仓（医学院）、卓德巴札仓（密宗学院）、丁科尔札仓（时轮学院）、喇嘛日目札仓（佛学院）、贡日格札仓（普明学院）六大学院，为内蒙古西北地区一处机构完善、功能齐备、声誉甚高的佛教重地。

该庙建于乾隆四十三年（1778年），创建人智华陶格米德。智华陶格米德幼年皈依佛教，在拉萨攻读《五部经》并获拉让巴学位后，产生了回乡建寺的念头，他发现巴音善岱是溪水源头，决定在此地建庙，便绘成图纸报请班禅定夺。班禅认定此处有12条龙相互缠绕，正是建设庙堂的风水宝地。经过几十年的建设，巴音善岱庙终于发展成占地面积1.25平方千米，大小宝塔46座、大独贡（大殿）7座、附属庙宇7座，喇嘛1500多人的大寺庙。该庙的联系范围很广，东到四子王旗、哲里木盟、昭乌达盟，西至阿拉善、青海、拉萨等地，南到伊克昭盟各旗，北到外蒙古库伦（今乌兰巴托）。

1926年，德国人李伯冷为巴音善岱庙拍摄了全景照片，这张照

巴音善岱庙

片被芬兰探险家亨宁·哈士伦收录在他的考察传记《蒙古的人和神》中，巴音善岱庙从此成为驰名中外的佛教圣地。

善达古庙

善达古庙（邢化寺）又名萨拉达布庙，位于阴山南麓达拉盖沟与乌盖沟之间的台地上，是乌拉特后旗现存最完整的庙宇群，也是保存较完好的庙宇之一，是旗重点文物保护单位。

善达古庙始建于清光绪二十八年（1902年），为藏传佛教式建筑，该庙占地约200公顷。现存大小庙宇5处，总面积1361平方米，其中正殿面积464平方米，自设立起先后迎请了八世活佛。中华人民共和国成立后，由于战争和"文革"期间的人为破坏，善达古庙损坏极为严重。1980年，乌拉特后旗委、旗政府开始对善达古庙进行修葺。2003年，内蒙古自治区民政厅拨专款对

善达古庙晒大佛

该庙进行保护性修缮。

善达古庙最早建成的宫殿是乌兰拉卜楞殿，2003年，五台山僧人云丹扎木苏投资20万元，重新修建了乌兰拉卜楞殿。

善达古庙北靠巍巍阴山，俯视广阔的河套平原。这里每年都会定期举行盛大的玛尼会，有敖包祭祀、诵经咏法、查玛舞蹈和物资交流活动，吸引了众多的香客信众。

东升庙

东升庙是乌拉特后旗较大的庙宇之一，建于乾隆十五年（1750年），庙址在今巴音宝力格镇。东升庙鼎盛时期拥有大小庙宇32座，共有喇嘛300多人。该庙在"文革"时期遭到破坏，大佛、塔等无一幸免，现仅存一座大殿。为满足当地信教群众的需求，保护民族传统宗教文化遗产，加强民族团结和旅游业的发展，2008年，国家宗教局批准同意修复该庙。修复工作从2008年5月开始，一期工程以扩建东升庙和修建释迦牟尼古佛为主，佛身用锻钢制造，佛主体高58米，地面基础高10米，总高68米、厚3厘米，大佛用铜280吨、钢材600多吨，宝座上建有万佛殿。

毕力盖庙

毕力盖庙（永仁寺）庙址在今巴音宝力格镇乌兰嘎查，乌拉特西公旗王府于乾隆三十年（1765年）出资建设。中华人民共和国成立前有喇嘛100多人，田地36顷、羊300多只，庙殿6座、大塔1座、小塔8座。"文革"期间，毕力盖庙被损毁。

第八代活佛老布僧格林陶布旦民玛于1955年成为国家工作人员，现任巴彦淖尔市政协常委、市菩提萨壤宗教协会主席。他从1998年开始筹集资金，经过十多年的努力，恢复了一座神殿。2009年，又从青海塔尔寺请回一尊铸铜鎏金玛哈嘎拉神像，为乌拉特后旗佛教事业的发展做出了贡献。

巴格毛都庙

巴格毛都庙庙址在今潮格温都尔镇巴音努如嘎查。中华人民共和国成立初期有大小殿2座，喇嘛50多人。该庙受"文革"影响最小，一直为边防部队占用，是全旗保护最好的寺庙之一。

哈日朝鲁庙

哈日朝鲁庙是巴音善岱庙的香供庙，庙址在今潮格温都尔镇哈日朝鲁嘎查。该庙于道光二十一年（1841年）建成，中华人民共和国成立前有小殿2座、大小庙仓2个，喇嘛50多人。"文革"期间，大部分庙宇被拆除，现只存一座庙殿。

乌力吉图庙

乌力吉图庙，意为"吉祥寺"，

庙址在今巴音前达门苏木。该庙建于1942年，是乌拉特中公旗王爷的家庙。共由13个庙殿组成，建筑面积5000平方米。

乌拉特草原庙会上的查玛舞

乌拉特地区是内蒙古地区喇嘛教传播较早、寺庙密度较大的地区之一。早在18世纪，黄帽派喇嘛教就传入乌拉特后旗。乾隆四十三年（1778年），在大喇嘛智华陶格米德的主持下巴音善岱庙建成后，喇嘛教的影响迅速扩大。中华人民共和国成立后，乌拉特后旗寺庙林立，佛香缭绕。

乌拉特后旗的寺庙每年都要举行隆重的嘛尼会（庙会）。庙会上，僧侣们要跳查玛舞，充满了神秘。

查玛俗称跳鬼。"查玛"一词的原义是征服敌人后欢腾跳跃、载歌载舞。查玛是一种宗教活动，也是庙会上的一种娱乐活动，实际上是一种原始的化装舞蹈。据记载，50年前，每年春、夏、秋三季，各地寺庙的喇嘛都要举行一次或两次查玛活动。每逢跳鬼，家住离庙宇上百里甚至几百里远的农牧民，从四面八方赶来观看。喇嘛教认为跳鬼可以驱逐邪恶，招来吉祥。观众既可以了解喇嘛的生活，也可以欣赏跳鬼的舞蹈艺术。跳鬼的主要道具是服装和假面具，跳鬼时，参加跳鬼的喇嘛都要戴上奇特的假面具，穿上奇异的服装，打扮得光怪陆离。有菩萨罗汉的形象，有弥勒的形象，有头发花白的老人形象，有独角黑脸的厉鬼形象，有千奇百怪的天魔修罗形象，有牛、马、鹿、狗等各种动物的形象，有惨白的骷髅魔怪形象。查玛舞有三四十种之多，基本上可分为三类：一是赞颂舞，歌颂帝王将相及一些英雄人物百战百胜、威震四方的舞蹈。二是欢乐舞，主要是歌颂神仙、活佛等战胜邪恶、为民除害，祈降吉祥。三是鸟兽舞，表现鸟兽形态的舞蹈，如狮子舞、龙舞、凤凰舞、鹿舞等。

查玛舞有这样一段有趣的传说。据说在838年，有一个叫郎达尔玛的人做了吐蕃的赞普。他掠夺财物，杀戮人民，摧毁寺庙，侮辱和鄙视宗教，给百姓带来了很大的灾难。当时，有一个叫拉垅木巴拉道尔吉的喇嘛，为了除掉郎达尔玛，振兴宗教，造福人民，在吸收了吐蕃族、汉族以及印度古代传统舞蹈的基础上创作了查玛舞，并于842年请朗达尔玛来他的寺庙观看。拉垅木巴拉道尔吉用墨将自己的黄马涂成黑马拴在马厩里。然后，他穿上跳查玛舞的蟒袍锦衣，袖子里藏好弓箭，跳起了"沙卜东玛"的醉祭

查玛舞

舞。在跳到最精彩的部分时，他射死了郎达尔玛。之后，他骑上早已准备好的黑马向伟丘河飞速逃去。郎达尔玛的部下催马追赶。拉垅木巴拉道尔吉先过了河，把马洗干净，将身上的舞蹈服脱下抛入大河中继续往前跑。跑到一座破庙时，马实在跑不动了，拉垅木巴拉道尔吉把马藏在密林中，自己跑进庙里，剥下泥佛的袈裟，披在自己身上，盘腿坐在泥佛的旁边。庙内的野鸽受了惊吓，到处乱飞，拉垅木巴拉道尔吉的身上被盖了一层厚厚的尘土。追兵来到破庙时，领兵的将领令部下在庙外看守，自己进庙察看。他见拉垅木巴拉道尔吉坐在泥佛旁一动不动，就说："你用机智射死暴王，为民除害，百姓能够

安宁了。现在你可以传你的教、跳你的查玛了。"说完就领兵离开了破庙。为纪念拉垅木巴拉道尔吉，人们就把查玛舞作为寺庙的传统表演活动。

"文化大革命"期间，乌拉特草原上的庙宇全部被毁，查玛这一有传统意义的宗教活动也被迫停止。改革开放的春风吹进草原，党的宗教政策重新得到落实，于是，一些幸存的庙宇得以修葺一新，庙会得到恢复，农牧民自发组织祭祀神灵、强身健体、娱乐身心的查玛活动，查玛也成为乌拉特后旗的一道亮丽风景线。

乌拉特民间文化

乌拉特民歌

乌拉特民歌是蒙古民族在长

期生产、生活中创造的精神财富，反映了他们良好的精神风貌，内容健康向上，具有教育、文化传播等价值，是乌拉特草原重要的文化遗产。如今，乌拉特前旗牧区还完整地保留着古老乌拉特原生态民歌独特的风韵。

乌拉特民歌主要流传在乌拉特三旗和巴彦淖尔市其他旗县（区）、鄂尔多斯市西部、阿拉善左旗、四子王旗、达尔罕茂明安联合旗等地区蒙古族中。乌拉特民歌的演唱形式分长调和短调，以长调居多。长调民歌结构比较自由，各乐句之间的小节数不尽相同，节奏自由多变，多用宫、商、徵、羽四个调式，以大调为主，与其他民歌相比，其最大特点是多用商调。旋律特点是字少腔长，演唱者可以根据自己的气息和情绪即兴演唱，尽情发挥。每首歌曲后面加唱衬歌，衬词多用"嗬咿""咿哟""咿呀"等，而且高音区的衬词多用开口音或半开口音，有的还在嘹亮的高音区突然收句，曲调婉转悠长，收放自如，旋律音程有大幅度跨越。演唱衬歌部分时，群众合唱，领唱歌手可适当休息，这也是与其他民歌的不同之处。短调民歌结构较规整，乐句之间大体一致，多用宫、徵、羽调，商调次之，欢乐愉悦、刚健有力、

叙述性强。长、短调民歌都常用五声音阶。

长调民歌在酒席中很受欢迎，在婚礼、祝寿、节日等酒席上，以三首歌曲开头并敬三盅酒是乌拉特地区蒙古族的习惯，三首歌曲唱完，三盅酒也要敬完。在乌拉特地区蒙古族的酒席上，什么时候唱什么歌都有严格规定，五个轮回，一个轮回唱三首歌曲，但开头和结尾一定要按照规定唱。开头的歌曲就是著名的"三福" 长调，是酒席宴会的第一组歌曲，也是任何宴席最先唱和必须唱的固定曲目。乌拉特"三福"以齐唱为主，由一位歌手起歌领唱，然后大家一起演唱，一般是无伴奏的清唱。中间加唱的歌曲有时可以调换，但是内容上必须选择相同的具有说教意义的佛学内涵的歌曲，延续歌曲的完整性。结尾的歌曲是《阿拉泰杭盖》，只要唱了这首歌，就说明必须散席了。这就是乌拉特民歌不同于其他地区蒙古族歌曲的地方。

乌拉特民歌有着悠久的历史，在蒙古族民歌中具有重要地位。1648年，乌拉特部受清朝政府指令，由额尔古纳河流域呼伦贝尔草原迁徙到今乌拉特地区镇守疆域，从此，乌拉特民歌传唱到内蒙古西部。

18世纪中叶，随着藏传佛教的

盛行，乌拉特地区建起多座寺庙，民间文化也受到宗教文化的影响，百姓的生活中渗透着藏传佛教深刻的教理。为了弘扬佛法，寺庙高僧、喇嘛利用具有特殊影响力和感染力、渗透力的民间歌曲，把宗教理念转变为歌曲，对百姓产生了较大影响。

1840年以前的乌拉特民歌在称"古代民歌"，以佛教意念、祝愿，赞扬喇嘛僧徒、达官贵人及父母恩德为主要内容，有的具有哲学意味，这些内容在其他地区民歌里是罕见的。中华人民共和国成立前，乌拉特西公旗梅力更庙的第一、第二、第三世活佛先后创作民歌130多首，在乌拉特蒙古族中流行，大部分是宴歌。宴歌是在各种宴会上唱的礼仪歌，也叫"正席歌"。梅力更庙第三世活佛罗布桑丹碧扎拉森在清朝乾隆年间创作了81首律歌，其中，《半圆的月亮》表达了对故乡的思念之情，歌颂了父母的恩德，在民间广为流传。还有如今广为传唱的《鸿雁》就是一首著名的乌拉特古典民歌，据说它最初的词曲作者也是梅力更庙的一位活佛，原歌曲名为《鸿嘎鲁》，创作年代是乾隆五十五年（1790年），曾是乌拉特宴会歌曲的代表作，后由敬酒歌演变成了思乡之歌。

1840—1949年的乌拉特民歌

称"近代民歌"。这一时期的民歌与古代民歌相比，内容更加丰富，既有祝福、赞颂、教导、劝谏、记史、祭奠等内容，又有歌颂家乡的山清水秀、祖国山河的壮丽，缅怀父母亲人，反帝反封建、争取自由民主等内容。

1949年后的乌拉特民歌称"现代民歌"。这一时期的乌拉特民歌从内容到艺术表现形式都发生了巨大变化，长调与短调相结合，多以反映民族团结、祖国繁荣为主要内容，乌拉特前旗民间文学爱好者嘎拉鲁创作的词曲最具代表性。

20世纪以来，随着近邻鄂尔多斯群众大量涌入乌拉特中旗、乌拉特后旗，在长期交流中，乌拉特民歌的内容、曲调、旋律等发生了变化，出现了很多与鄂尔多斯民歌相似的民歌。乌拉特后旗的乌拉特民歌主要流传在乌拉特草原上，民歌结构自由、形式多变、曲调婉转，多为长调，曲调波澜起伏、悠扬动听，抒情味浓，如《赛日宝力格》等。伴奏乐器主要有马头琴、四胡、笛子等。乌拉特民歌多出现在宴会上、欢庆的日子和娱乐场所。

1979年7月，乌拉特后旗召开搜集乌拉特民歌及口头文学座谈会，搜集整理乌拉特民歌300多首，其中100余首被选入《巴彦淖尔民

民歌演唱会

歌》《蒙古民歌一千首》《蒙古民歌丛书·巴彦淖尔盟集》等图书。

过去，乌拉特后旗民间不仅有歌手、乐手，还有即兴作词编曲的艺人。据不完全统计，乌拉特后旗近现代民间艺人有朋斯克、楚日很桑布（两人都是善达古庙的喇嘛，据说他们可以敲着瓷碗现编现唱，都是即兴作词编曲的高手），敖特很（管旗章京），敖巴喜嘎，毛呼很，那苏克道尔吉（他会吹笛子、拉四胡，能现编现唱，是位很有名的歌手），浩毕乐其其格、宝德其其格（两人是亲姐妹，都善于编曲，能以金子般的嗓音演唱，是很著名的歌手。20世纪80年代，两人虽已年迈，但仍能参加宴会，唱功不减当年），伊希巴拉珠尔（著名歌手和祝赞词艺人），查干冬（伊希巴拉珠尔的妻子，也是一位著名歌手），孟和其其格（演唱乌拉特长调歌曲最出色的歌手）等。

20世纪70年代，乌拉特后旗有近100位中老年歌手能够原汁原味地演唱原生态乌拉特民歌。如今，大多数歌手已经去世了，只有十几个人健在，乌拉特民歌面临着失传的危险。乌拉特后旗成立了乌拉特文化研究促进会，正在保护和抢救乌拉特民歌，每年以不同形式举办乌拉特民歌培训班和乌拉特民歌比赛活动，使乌拉特民歌得到传承和发展。近几年来，乌拉特后旗文联先后命名旗级"荣誉歌手"37名、"荣誉乐师"10名。乌拉特后旗现有非物质文化遗产乌拉特民歌自治区级传承人那生其木格，市级传承人满都拉、阿拉腾花、孟和达来等6名歌手，旗级传承人乌由代、娜仁花、赛林花等41名歌手。他们在婚礼、宴会、那达慕大会上演唱了大量的乌拉特民歌，如《鸿雁》《辽阔美丽的杭盖》《雪白的云彩》《乌林花》等。

下面，选录一些乌拉特民歌：

半圆的月亮

半圆的月亮真美丽，

五光十色的真动人。

自由幸福地成长，

是父母辛勤抚养的恩。

从蒙古包的天空上，

照得全家都明媚。

孩儿幸福地成长，

全靠父母辛勤劳累。

父母老人的恩情，

好比那天上的日月。

时刻照亮着儿女们，

身心健康地成长。

望见那只骆驼箱子，

走到阿尔泰山脚下。

我亲爱的儿女们啊，

你牵着父母的心越走越远了。

鸿嘎鲁

美丽的白天鹅，

畅游在湖面上；

辽阔的大草原，

多么宁静安详。

尊贵的客人，

请你留下来吧！

品尝那草原上美味和佳酿。

鸿　雁

鸿雁天空上，

对对排成行。

江水长，

秋草黄，

草原上琴声忧伤。

鸿雁向南方，

飞过芦苇荡。

天苍茫，

雁何往，

心中是北方家乡。

天苍茫，

雁何往，

心中是北方家乡。

鸿雁北归还，

带上我的思念。

歌声远，

琴声长，

草原上春意暖。

鸿雁向苍天，

天空有多遥远。

酒喝干，

再斟满，

今夜不醉不还。

酒喝干，

再斟满，

今夜不醉不还。

辽阔美丽的杭盖

辽阔美丽的草原，

是我可爱的摇篮；

山峦叠嶂云雾缭绕，

101

风光宜人景色秀美。

百花盛开的草原，

是我向往的故乡；

各业兴旺人欢喜，

前程灿烂无比辉煌。

峰岭逶迤的山谷间，

树林茂密百鸟飞；

吉祥如意牧人笑，

草原一派新气象。

活泼肥壮的小青马，

驰骋草原千里路；

白发苍苍的老阿爸，

宽容的情怀记心间。

飞驰如箭的枣红马，

奔腾原野万里川；

白发苍苍的老阿妈，

慈善的情怀记心间。

牧草青青的山坡上，

洁白的毡房迎朝阳；

有我的亲人安居乐业，

嘹亮的歌声传远方。

绿草如茵的小河旁，

洁白的毡房闪银辉；

有我的亲人艰苦创业，

劳动的果实溢芳香。

崭新的哈那撑起毡房，

年迈的阿爸阿妈持家园；

辛勤的汗水浇灌沃野，

光荣的鲜花盛开草原。

赛日宝拉格

清澈的泉水，

浸着沙滩涓涓流去；

同我和善的朋友们，

敬上美酒共欢畅。

西山脚下，

有我的橘黄马；

橘黄马的四蹄，

疾飞如珍宝。

北山脚下，

有我的青鬃马；

青鬃马的四蹄，

疾飞如珍宝。

东山脚下，

有我的枣红马；

枣红马的四蹄，

疾飞如珍宝。

南山脚下，

有我的褐青马；

褐青马的四蹄，

疾飞如珍宝。

草原骏马是件宝，

它是父母的福分；

珍贵宝马之驹哟，

是我爹娘的恩赐。

我的家乡豪雅尔杭盖

遥望辽阔的故乡，

蔚蓝的景色入眼帘；

勤劳的乡亲们，

时刻挂在我心间。

葱郁的落叶松，

环抱山岭春常在；

尊敬的阿爸阿妈，

时刻挂在我心间。
金嚼环的橘黄马，
跨越悬崖峡谷；
可亲的兄弟姐妹，
时刻挂在我心间。
银嚼环的枣红马，
闯过树林原野；
心爱的朋友们，
时刻挂在我心间。

乌拉特祝赞词

祝赞词是乌拉特蒙古族文学的重要组成部分，乌拉特祝赞词是国家非物质文化遗产，具有悠久的历史，内容涉及生产、生活的各个方面。祝赞词是蒙古文诗歌，在乌拉特草原广为流传，主要是在庆典仪式、那达慕大会、宴会、庙会、祭敖包活动等场合演唱，由祝赞者（擅长演唱祝赞词的说唱艺人）按照特有的音韵唱诵。有的祝赞词庄严深沉，有的诙谐幽默。祝赞词的内容十分广泛，有歌颂英雄的《英雄赞词》，唱给所崇拜对象的《头马祝赞词》《末尾马祝赞词》，赞美劳动和劳动成果的《贺毡祝赞词》，祭祀时唱诵的《骆驼祭火祝赞词》，那达慕大会上唱诵的《搏克祝赞词》，庆典宴会上唱诵的《羊背祝赞词》，还有《乌拉特婚礼祝赞词》《十二生肖祝赞词》等。

中华人民共和国成立后，乌拉特祝赞词的内容有了发展，增加了歌颂中国共产党，歌颂祖国，歌颂新生活、新风尚，歌颂党的民族政策的祝赞词，如《民族团结祝赞词》等。

下面，选录一些乌拉特祝赞词：

头马祝赞词

吉祥如意！如意吉祥！
祖辈传下来的习俗，
几代接过来的传统。
蒙古民族的盛大节日，
蒙古族儿女的盛大聚会。
锦绣前程的吉祥物，
勤劳牧人的象征物。
精心挑选的快马，
父老乡亲们的欢乐。
最先奔驰而来的这匹快马，
是万马群中的飞龙骏马！
看吧！
从远方飞奔而来的这匹快马。
像那深山旷野奔跑的雄狮，
像那远山老林飞跑的虎豹。
像那天空翱翔的凤凰，
像那云水飞舞的金龙。
万马群中的群首，
众乡亲为此赞誉。
甩开长鬃，
飞溅四蹄，
奓起耳朵，
闪着两眼，
在万马群中跃蹄飞腾。
它是英俊少年的密友，
富饶草原的珍宝。

节日盛会杰出的一匹快马。

这匹快马饮过清澈的泉水，

嚼过甘露的青草。

精心调养，

用心放牧，

秋冬季节，

饲养适中。

时隔不久，

进行训练，

春暖季节，

小跑奔跑。

严格训练，

晚秋季节，

参加竞赛，

从不间断。

山沟里拴养六十天，

山坡上养七十天，

朝着红日拴养八十天，

顺着狂风拴养八天，

日日演练，

夜夜拴养，

月月竞赛，

月月奔跑，

在今日的盛会上，

在红日的照耀下。

闪着一道道红光，

奔腾而来的快马。

沿途的山野上，

犹如旋风卷土。

骑手孩童脸上，

显现必胜目光。

放眼望去，

众人增信心。

回首再看，

观众齐欢呼。

流淌的汗水，

浇灌在百花滩。

遇上磐石绊不倒，

遇上黑夜不迷路。

遇上巨石不躲闪，

遇上漆黑不畏惧。

箭一般的神速，

鹰一般的速度。

驼鹿般的驰骋，

最先飞驰而来的快马。

在人群面前看去，

撒腿犹如闪电。

拔腿犹如旋风，

抬头展翅往前冲，

伸直长颈向前奔。

如此快马可真是，

葡萄般的两耳，

水晶般的两眼，

宽壮的前胯，

浓浓的鬃毛，

高大的身影，

飞快的蹄步。

洁白的对牙，

野马的后代。

北方的马驹，

荒野的儿驹。

南山的马驹，

高山的儿驹。

绿草如茵的草地上，

鲜花盛开的原野上。

饮过甘甜的清水，

嚼过绿茵的青草。

明亮的银嚼，

光亮的后鞴，

百两重的马鞍，

十两重的马鞭。

它是保卫祖国的快马，

久经沙场的骏马。

捍卫边疆的好马，

贡献力量的神马。

受到人们赞誉的马，

给人以欢乐的马。

草原上的珍宝，

牧民们的心肝。

奖赏的锦旗迎风飘扬，

赞誉的飘带随风招展。

祝福你啊千军万马的头马，

祝福你啊万马千军的头马，

大家欢欣祝福你，

大家赞颂祝福你。

我们的头马！

羊背祝赞词（之一）

吉祥如意！

吉祥如意！

向各位欢聚的贵客，

献上这神圣上等的美味佳肴。

这是用四岁绵羊精心调制的食品，

为各路贵宾摆好的厚礼！

这是用两岁羔羊精心调制的食品，

为八方宾客敬献的重礼！

弯曲的羊角，

肥大的羊尾，

强健的体魄。

宽圆的尾巴，

健壮的四肢，

六节短粗的颈骨。

十二节粗壮的胸椎，

二十四节肋骨，

四条膘肥的肋支。

我们将雪白的肥羊煮熟调制好，

向八方来的尊贵宾客，

向尊敬的兄弟朋友们，

敬献这上等的美味佳肴。

羊背祝赞词（之二）

扎……

祝大家吉祥安康，永享厚福。

今日今时吉祥，天气晴朗日月明。

上级领导送关怀，尊贵客人带财神。

女士先生带富贵，兄弟朋友带欢乐。

远道而来聚此处，互敬互尊欢宴时。

欢迎各位来光临，送我真情送我心。

依着祖先传统俗，成吉思汗所创礼。

献上民族最高礼，草原珍宝活珍珠。

它是草原吉祥物，眼睛好似夜明珠。

耳朵就像蝴蝶飞，头角像个雄志徽。

脊背像个八仙桌，四肢赛如顶天柱。

尾巴像个聚宝盆，皮子好像戈壁滩。

它的食物是药草，它的饮水是圣泉。

它的皮毛似真丝，它的声音像山歌。

这样好的吉祥物，千畜之头万畜首。

纯鲜羊背盛上桌，献给大家共享受。

草原羊背是珍品，强壮身体增富贵。

消除百病解疲劳，大家享后就知道。

请求各位别客气，吃好喝好红火好。

接上我的鲜奶杯，敬天敬地敬祖先。

接上我的美酒杯，一干而尽得富贵。

接上我的哈达礼，长命百岁永安康。

乌拉特谚语

在乌拉特后旗流传着许多古老而睿智的谚语。下面，选录一些乌拉特后旗流传较广的谚语：

龙生九子，种种有别。

人过留名，雁过留声。

马头琴会说话，好谚语会劝人。

豹死留皮，人死留名。

象虽大，也跟路走；将再大，也随众心。

年迈人须奉承，少年人须教诲。

因睡懒觉丢掉马匹，为吃骨髓损坏刀子。

年轻多受点苦，年老才能享福。

没有草就没有畜牧，没有畜牧就没有吃喝。

教养差的人吃说话的亏，驯养差的马会掉在坑里。

说了的话不要推翻，做了的事不要中断。

别把自己看成聪明伶俐，别把别人看成傻瓜笨蛋。

骑光背的马，对屁股不好；施阴谋的人，对自己不利。

宁失骏马一匹，勿失诺言一句。

好马千里奔驰，好人一片忠诚。

好马全凭强壮，好汉全凭志强。

随着太阳光走不挨冻，跟着共产党走不吃亏。

吝啬的人朋友远，懒惰的马路途远。

来路若是光明，去路一定平坦。

出名奋斗一生，损名就在一日；宁可折了骨头，不可坏了名声。

临河的善于游泳，靠山的善于攀登。

不会念经的喇嘛怕道场，不攒皮毛的婆子怕天寒。

月亮光照雪山，显得分外光明；伶俐人多学习，显得分外聪明。

宝刀不磨刃不利，骏马无膘不能跑。

雨勤水草好，口勤学问高。

宝贵的季节是秋天，宝贵的时代是青年。

有教养的人谦虚，宽广的河流平静。

路遥知马力，日久见人心。

蒙古族英雄史诗

乌拉特后旗流传的史诗是以口头形式流传和保存的长篇"复合"故事歌，严格意义上讲，民间史诗应该为韵散结合的形式，即包括歌唱的部分和口述的部分。与传统的故事歌有所不同，史诗的篇幅很长而且语言华丽、场面恢宏、风格绮丽、人物众多、情节复杂，讲述的往往是发生在一个英雄身上的几个

或多个故事。通常，与故事歌对应
的是民间故事和传说，与史诗对应
的是神话。史诗一般是以歌唱的形
式来表演的，音乐占极其重要的地
位。史诗演唱是一种即兴的口头创
作，歌唱部分为韵文，口述部分为
散文。史诗的每一次表演就是一次
创作的过程，没有任何两次表演是
一模一样的，它是"活"的，具有
变化性和多样性。

蒙古族英雄史诗是在氏族社
会、奴隶社会的神话、传说、民
歌、祝赞词基础上产生和发展起来
的，它产生于17世纪后期，消亡于
19世纪中期。

早期的英雄史诗主要有三个主
题：勇士远征求婚，勇士和恶魔斗
争，完成某事途中勇士们结义兄弟。

下面，选录一首乌拉特后旗流
传较广的蒙古族英雄史诗：

索古泰

在那远古的年代，
有片茫茫的林海，
住着索古老妈妈，
儿子名叫索古泰。
索古泰勤劳勤勉，
一天持斧去砍柴，
当他刚刚攀上高山，
忽见旋风卷地来。
索古泰心里起疑团，
抡起板斧使劲拍，

说时迟，那时快，
斧刃当啷毁一块，
黑血玷污遍斧头，
臭味阵阵扑鼻来。
旋风依旧团团转，
钻进乌黑深洞内。
索古泰在第二天，
刚从高山回到家，
只见国王下圣旨，
大字布告贴山崖：
"那个万恶的芒古斯，
抢走公主奥登花。
倘若谁能救出她，
朕愿招他为驸马。"
心地善良的索古泰，
看罢布告心里急。
准备行装忙上路，
拜见国王说仔细：
"下人愿去救公主，
愿与公主配夫妻。"
说毕匆匆退出来，
去寻义兄莫格太。
奸猾的莫格太，
眨着眼盘算鬼把戏。
两人结伴同路行，
翻过两座高山峰。
来到旋风出没处，
是个黑咕隆咚的洞。
打着火石借亮光，
走了两昼夜里程。
忽听叮咣有音响，

洞里传出怪异声。
诡计多端的莫格太，
狡计暗算索古泰：
"我的弟弟你去吧！
我在这持绳将你等。"
传奇英雄索古泰，
坐在筐里往下行。
救人心切，日夜兼程，
黑穴忽然现光明。
天空虽然无圆月，
金光反而亮如洗；
天空虽然无骄阳，
金光反而闪熠熠。
果真来到另一国度，
果真是个新天地。
无敌英雄索古泰，
加快步伐赶征途。
站在高高岩石上，
仔细寻觅娇公主。
忽地瞧见一座山，
横生拦住他去路。
在那高高山脚下，
有一巨石如卧虎。
巨石下面现白影，
有条白蛇被压住。
白蛇见了索古泰，
向他虔诚地哭诉：
"救命吧，英武的哥哥！
我不会忘记你的好处。"
索古泰无限同情，
拿起斧把撬石头，

巨石顺山往下滚，
小小白蛇得了救，
白蛇伸腰磕九个头，
摇摇尾巴向前游。
救出白蛇又上路，
去寻受难的娇公主。
忽然出现一宫殿，
高低寻不见其门户。
他向院里窥探去，
只见姑娘洗衣服。
一双眼里泪闪光，
白嫩脸庞云密布。
红缎长袍左右摆，
就像彩霞在飞舞。
院落坚固难攻破，
铁墙高高飞禽难过。
铁虎站岗铁豹放哨，
出口进口盘铁蛇。
索古泰投斧通信息，
斧头在姑娘脚前落。
姑娘顿时锁眉头，
快步来到大门口：
"你是什么地方人，
胆量这般大如斗？
这是芒古斯的宫廷，
你竟敢到此逛游？"
听罢姑娘一席话，
索古泰低语叙来由：
"遵照国王旨令，
循着主后的运筹，
为除暴戾的芒古斯，

为使遇难的公主获救，
跟踪可恶的黑旋风，
来到这可疑的楼。"
娇美公主奥登花，
脸上顿时堆笑容。
悄悄打开宫门锁，
引进年轻的英雄。
来到魔王金银库，
向他悄悄做叮咛：
"这是颅骨做的佛龛，
请你藏这儿别作声。"
卧在后宫的芒古斯，
这时呜里哇啦乱叫呼：
"快来呀！是否来了外来人？
这生人味，如此特殊！"
娇美公主奥登花，
应声推门匆匆入：
"是有生人味道吗？
那就肯定是公主。
大王你要想吃我，
甘愿填饱你肠肚。"
芒古斯听罢这话，
又放心地打起呼噜。
娇美公主奥登花，
待到那夜深人静，
来到索古泰跟前，
低声悄悄细叮咛：
"它是一个十二头魔，
每个头都有魂灵。
其中主魂只一个，
放在河北岸岩洞。

两只花狼卧洞口，
为守洞相互抱脖颈……"
英雄来到河北岸，
果见花狼守洞口。
抢起他那大板斧，
砍掉狼的两个头。
然后迅步入洞内，
砍开中间大木橱；
英雄怒目一声吼，
从橱里探出花驴颅；
猛向那怪物砍上去，
血腥臭气充洞窟。
无敌英雄索古泰，
战胜妖魔返回来。
娇美公主奥登花，
迎上来再嘱索古泰：
"十二个头的芒古斯，
现在鼾声似雷如死胎，
趁机进去砍它头，
一个一个全砍坏！"
无敌英雄索古泰，
跟随公主进内宫。
刚刚来到魔寝室，
芒古斯就像发了疯：
"哪来如此生肉味！
熏得我头疼真要命！"
娇美公主奥登花，
与妖魔对答如流：
"一定是你中了风，
睡觉不小心蒙住头。"
娇美公主说着话，

拿着枕头压魔头。

娇美公主答着话，

拿起被子蒙魔头。

无敌英雄索古泰，

抢起板斧不留情，

每砍掉一个魔头，

就吼出一个哎哟声；

砍完它十一个头，

它趔趄着站起直哼哼。

它勉强定了定神，

它坚持站稳脚跟；

吹胡子瞪眼发脾气，

直向索古泰去拼。

斧和棒叮叮作响，

在魔窟酣战厮杀；

刀和剑当当作响，

在魔院相刺冲杀。

咣咣声响彻魔窟，

打了有三天三夜；

咚咚声响遍魔宫，

战了有四天四夜。

无敌英雄索古泰，

浑身上下汗如流；

直杀得芒古斯魔，

遍体汗如豆。

记起母亲的箴言，

对敌人绝不能看轻；

想起自己的箴言，

对敌人绝不能同情；

忆起公主的箴言，

斩敌要彻底干净。

想箴言斗志骤增，

挥板斧左右猛劈。

断其四肢挂树梢，

剁其躯体扔河里。

取胜利要离魔宫，

守门精灵往上冲。

只见它们摇身一变，

变成许多大小妖虫。

成群结伙围索古泰，

围得水泄不通。

正在这紧要关头，

公主一边把主意出：

"砍断黄妖婆的头，

狠打这些愚妖奴！"

索古泰提起母妖头，

直打得群妖拼命呼：

"英雄、英雄，别生气！

再不敢和你争胜负！"

它们哭着求饶，

倒在地下变成白骨头。

索古泰和公主纵大火，

焚烧了芒古斯妖魔楼。

他们沉浸在胜利的喜悦中，

不觉来到黑洞口。

两人依依不忍离，

索古泰让公主先行，

足智多谋的奥登花，

睁大了明亮的眼睛：

"洞口上边是何人，

是谁在那拉绞绳？"

"此人姓名莫格太，

是我结拜的弟兄。"
索古泰匆匆答毕,
忙催公主快起程。
公主听罢解腰带,
用手一撕对半开。
一半系在索古泰腰间,
一半藏在自己的胸怀。
索古泰多情地望着公主,
公主深情地看着英雄。
英雄晃了三下绞绳,
公主乘坐筐子慢慢起动。
不知升了多长时间,
光明渐渐现在眼前。
她深深地叹了一口气,
庆幸重返久别的人间。
等在洞口的莫格太,
见这美女发了呆。
嫉妒的阴云掠过心间,
狞笑着要把公主抱在怀。
瞬间他又收起笑脸,
若无其事显得轻松,
又把筐子送往洞下,
毒计早已成竹在胸。
索古泰洞下送信号,
莫格太上面慢拉绳;
拉到半截猛松手,
还流露出非常难过的表情。
莫格太暗中沾沾自喜,
奥登花急得像热锅蚂蚁,
莫格太投来贪婪目光,
奥登花怒斥他忘恩负义。

莫格太求公主和他成亲,
奥登花势不与索古泰分离。
再说英雄索古泰,
正坐筐里往上起。
忽地坐筐猛下坠,
咣当一声落洞底。
善良有余的索古泰,
哪想到同伴的坏主意。
还以为这是绳索断,
像一泡死水瘫在洞底。
为了生存他鼓起勇气,
挣扎着去寻落脚地。
蓦地传来呼救声,
他顺声爬去看仔细。
银花飞溅的泉水边,
小白兔压在巨石下面。
他咬紧牙关撬石头,
巨石摇晃落山涧。
白兔蹦跳来面前,
感激涕零向他言:
"以后定报救命恩!"
说罢一跃再不见。
索古泰心里起疑团,
大步流星奔向前。
忽然前面出现湖,
无鸭无鹅浪花溅。
他顺湖畔来回踱,
他沿湖岸穷徘徊。
一条银白色小蛇,
犹如银鱼潜游来。
白蛇跃身离水面,

111

轻盈爽快上了岸。

在那绿草上一滚，

变做美女格外娇艳。

她向索古泰走来，

来到面前就跪拜：

"我龙棠花是龙王女，

你救我命恩似海。

父母感恩派出我，

请你到家做客来！"

说着两人进龙宫，

索古泰来庭院请安。

美丽公主龙棠花，

站在一旁忙引见：

"他就是救儿恩人索古泰，

应二老邀请来拜见。"

为了报答大恩人，

龙王摆下大喜筵。

招来文武百官，

热情款待这位青年。

宴罢龙王下旨令，

让英雄游览全龙宫。

金银财宝任他选，

看中的东西全奉送。

索古泰信步宫中游，

观赏龙宫饱眼福。

来到龙宫西北隅，

巧遇蓬头垢面老尼姑。

当他仔细看尼姑，

嘴戴马勒正难受。

他抡板斧砍马勒，

当啷一声勒断头。

这可乐坏了老尼姑，

她向索古泰述缘由：

"我的绰号多嘴婆，

怕泄密给戴勒已几秋。

龙王问你要什么？

你只要后宫的绿木橱。

那里藏着姻缘镜，

有它见你爱侣不用愁。"

索古泰听罢回前宫，

龙王问他东西可选中。

他走上前忙回话，

除了后宫的绿木橱啥也没看中。

索古泰拿上绿木橱，

领上龙女龙棠花。

告别龙王与母后，

重新来到洞口下。

他俩正在想办法，

白兔蹦跳来脚下。

打滚变美女像朵花，

跪在英雄脚下说了话：

"多亏恩人救了我命，

为报恩我帮你回老家。

请恩兄你别见怪，

我是嫦娥舞女潮洛蒙花。"

索古泰急忙扶起她，

又把龙棠花介绍给她。

三人想办法有良久，

龙棠花公主说了话：

"要出洞穴听我的，

闭目骑我背不必怕。"

说罢她变成一条龙，

两人抱坐她背上。

只听风声呼呼响，

瞬间飞到洞口上。

潮洛蒙花说了话：

"这回我送你们把家还。"

说罢她变成金凤凰，

让他们坐在背上闭双眼。

飞了片刻往下落，

来到国王大门前。

奥登花公主此时此刻，

正坐绣楼愁眉不展。

莫格太整日逼她成亲，

她怀念恩人日思夜盼。

莫格太硬逼公主，

去面见国王陛下，

试图用谎言骗国君，

油嘴滑舌说谎话。

国王听了心欢喜，

许诺公主和他成夫妻。

奥登花公主心里急，

向她父王说仔细：

"救出我的不是他，

他以谎言欺骗你。"

狡诈的莫格太，

假惺惺下拜哭泣，

指责公主没良心，

说她不应忘恩负义。

国王犹豫难辨别，

忽报外面来了青年。

自称是他救出公主，

前来认亲求一见。

国王一听发了呆，

王后听了心如煎。

奥登花立刻喜开颜，

飞快跑出王宫殿。

迎接救命真恩人，

来到英雄索古泰面前。

相互询问别后情，

相互叙述苦思恋。

她拜见同行两位仙女，

互称姐妹，热情寒暄。

奥登花领着索古泰，

偕同姐妹进宫跪拜：

"这才是我的救命恩人，

日夜盼望的索古泰。"

狠毒阴险的莫格太，

坚持编造骗人的谎言：

"救公主的是我，不是他，

敬请国王查清明暗。"

国王心里好犯疑，

王后心里实着急。

面前站了俩驸马，

哪是实哪是虚？

无敌英雄索古泰，

敞开身上罩衣怀。

露出一条长长的、粉红色的长腰带。

公主也掏出自己的一条，

两条合一分不开。

国王看罢龙颜怒，

下令速将莫格太斩首。

欺君有罪，害友更坏，

暴尸后山，遗臭千秋。

国王复令举国欢庆，

欢庆除妖国运安宁。

欢庆索古泰奥登花成亲，

婚礼办得格外隆重。

索古泰当上国王，

全国上下喜气洋洋。

田野里五谷飘香，

牧场上六畜兴旺。

乌拉特风情文化
蒙古族服饰

乌拉特后旗蒙古族男女老少皆穿长袍、靴子。穿着长袍骑马、骑骆驼时可用袍襟裹住腿部，以免受凉。夜间睡觉，还可盖着长袍御寒。长袍有皮袍、夹袍和单袍之分，男女老少的袍子的款式不同。

皮袍是用绵羊、山羊皮及羊羔皮、驼羔皮或兽皮缝制的有大襟的长袍。皮袍分白板儿和吊面儿两种：白板儿皮袍是用冬季卧羊时的羊皮经过鞣制做成的不吊面儿皮袄，因其板儿厚、毛长、结实、御寒效果好，最适合数九寒天外出、放牧时穿；吊面皮袍是以秋后宰杀的羊皮或羊羔皮、驼羔皮、兽皮（狐狸皮、豹皮）等为里子，用布或绸缎罩面儿的长袍，主要在冬春季节走亲访友、参加喜庆婚宴、接待贵宾或过节时穿。

夹袍是用里外两层布料或绸缎缝制的袍子。它较轻巧，适合春秋季节穿。

单袍是用单层布料或绸缎缝制的袍子。它轻巧凉爽，最适合夏季穿。

长袍是由袍领、大襟、内襟、后背、袖筒、马蹄袖、纽扣、绲边儿、衩构成的。袍领宽6～7厘米，领边儿缝着绲边儿，大襟边缘也有同样颜色和同样质地的绲边儿。绲边儿是用与袍面儿颜色不同的布料或绸子、库锦剪成细细的条儿，专门在袍领和大襟边缘缝制的一种圆棱形边。袍子以细三道绲边儿为多见，也有一宽一窄两道绲边儿和一道宽库锦绲边儿。女袍袖口缀绲边儿，男袍袖口则缀马蹄袖。单袍、夹袍马蹄袖的用料与袍面儿一致，吊面儿袍的马蹄袖则多用羔皮或贵重的兽皮缝制。长袍子依着对领、右肩前、

乌拉特后旗蒙古族服饰（一）

乌拉特后旗蒙古族服饰（二）

乌拉特后旗蒙古族服饰（四）

乌拉特后旗蒙古族服饰（三）

右腋下、胯部等五处有纽扣，每处有一个、两个或三个纽扣，纽扣数要与绲边儿数相同。纽扣主要是纽襻儿结成的桃疙瘩纽扣，一般是用与镶边色调相同的绸制成，也有用牛角和铜、银制成的精美纽扣。

乌拉特后旗的蒙古族男子喜欢穿蓝色或棕色、较肥大的袍子。腰间系一条成幅绸缎，不垂穗，扎腰

乌拉特后旗蒙古族服饰（五）

带时将长袍从腰间向上略提一下，既显灵巧、干活儿方便，又能显出男子汉的威风，因此，人们称男子汉为"布斯太浑"（有腰带的人）。妇女喜欢穿红色、粉红色、绿色、紫色、蔚蓝色较瘦小的袍子，不扎腰带，显得苗条而健美，所以，人们称妇女为"布斯贵浑"（无腰带的人）。老年人的长袍则要宽松、柔软，有一道至两道绲边儿。

成年男子要在腰带左方佩戴绣

花图案的褡裢（荷包），褡裢长30
多厘米，宽约16厘米，绣上各种花
纹图案，制作精美，内装鼻烟壶。
腰带左侧靠后佩戴火镰盅和烟具
袋。火镰盅下端固定有火镰（用钢
铁做成、形状像镰刀的取火工具)，
上部为香牛皮袋子，内装火绒和火
石。乌拉特人抽生烟和旱烟。烟袋
锅儿用银或铜、铁制成，烟嘴儿大
部分是用瓷、玉石或翡翠制成。烟
具袋用布、绸缎或皮革做成，绣有
各种图案和花纹；烟具袋上端系着
精制的银链儿、铜链儿或铁链儿，
链子末端有扣火盅和烟锅钩等。腰
带前右方佩戴刺绣的绸制碗袋，内
装银碗或木碗，与褡裢对称。右胯
还佩戴刀鞘，内装蒙古刀，刀鞘上
有插筷子的孔，里面插着筷子。

乌拉特后旗的蒙古族在漫长

乌拉特后旗蒙古族男子服饰（一）

的游牧生活中形成了良好的生活习
惯，无论何时何地都习惯用自己
的碗、筷和刀，从不乱用别人的餐
具。无论什么场合，若不带自己
的碗、筷，就会受到别人的嘲笑，
别人会说："没带碗筷，等于没
带嘴。"佩带的刀鞘多为木刻或铜
制，长的约30厘米，短的约10厘
米，刀把、刀鞘和筷子上镶着银
饰，刀与烟具袋对称。刀鞘链一般
又长又粗，多用银制成，刀鞘链的

乌拉特后旗蒙古族男子服饰（二）

乌拉特后旗蒙古族男子服饰（三）

另一端有火镰，挂在后腰正中。

　　乌拉特后旗的蒙古族男子冬天戴圆锥筒形顶的皮帽，顶部缀有桃疙瘩顶戴，帽檐小，帽耳高。帽檐、帽耳多用羔皮、狐皮、貂皮或水獭皮做成。帽耳根部有一条扁形带子，用来系帽子，还有两条扁形飘带垂于帽后。皮帽虽有多种，但形状基本相同。夏季多戴蓝、红、紫色布绸头巾，并将头巾一端垂下以示美观。乌拉特后旗蒙古族男子也戴帽沿呈圆形、后边开衩的扁圆顶帽子，或戴蒙古礼帽。

　　乌拉特后旗的蒙古族妇女喜欢戴圆锥形的顶帽，夏季系青色布绸头巾。妇女头饰有两种：未出嫁的女子梳一根长辫，头饰很简单。15岁以下少女的头饰称"陶尔"，15岁以上少女的头饰称"库克勒"。婚嫁妇女的头饰较复杂、华贵，头蓄两条发辫，将辫子折叠于脑后，用两个镶有珠宝的银制的方形发夹固定。整套头饰由"萨嘎拉都尔嘎"（一种垂饰）、"随克"（坠子）、"苏格苏尔格"、额箍、蝴蝶、额穗子等组成，还有"敖尔回勒"（一种垂饰）、"希尔布勒"（一种发饰）等。头顶部有镶着金银、珍珠、珊瑚的头圈。头网下垂数十串珠宝到眉上，称"额箍"。两鬓有"随克"分垂两侧，到胸前以银制圆形环相连，称"黑烈古都苏"，再从圆环垂到胸的两侧，下端各有五个穗的垂链（"好勒宝"）到腹的上部。头饰用金、银、珍珠、珊瑚、绿松石、青金石制成。

乌拉特后旗蒙古族妇女头饰（一）

乌拉特后旗蒙古族妇女头饰（三）

族妇女的头饰和服装与乌拉特东公旗、乌拉特中公旗蒙古族妇女的服饰有所不同。乌拉特西公旗女孩满8岁就穿耳垂、戴耳环，到18岁就蓄两条辫仅，戴簪发网、耳环、耳附等全套首饰，穿着用色彩鲜艳的绸缎缝制成的长袍子、短袄。

较轻的头饰重2～3千克，较重的头饰可达5～8千克。中华人民共和国成立前，乌拉特西公旗蒙古

乌拉特后旗蒙古族妇女生产劳动时一般不戴头饰。已婚妇女一般30岁以后就基本不戴首饰了，60岁以后，选一个吉日请来喇嘛诵经受戒，不再戴头饰，只戴一顶紫红色圆帽或紫红绸布。

乌拉特蒙古人无论春夏秋冬都穿靴子，靴子多用香牛皮、鞣革、缎子、布匹、毡子制作而成。夏秋季多穿半勒布靴，蒙古语称"麻海"。这种布靴是用厚布或帕布制作而成，外贴布面儿或缎面儿，靴帮和靴子上绣着各种花纹图案，穿起来柔软轻便，非常适合老年人。冬季穿圆鼻三道脸香牛皮皮靴、翘鼻三道脸香牛皮皮靴(亦称"喀尔喀靴子")或马靴。翘鼻靴的帮和靿子

乌拉特后旗蒙古族妇女头饰（二）

银匠正在制作乌拉特头饰

上贴着花纹图案，靴内有衬皮或衬毡。靴宽大，内套棉袜或毡袜。袜比靴高6~10厘米，露到靴外的袜勒用布、绸缎吊面儿，也有绣各种花纹图案的，既可作为装饰，又可护膝。在骑马、骑骆驼时足蹬皮靴可

保护脚踝，走路可护脚，冬季更能防冻御寒。

随着社会的发展和人们物质生活水平的不断提高，乌拉特后旗蒙古族的服饰既保留传统也在与时俱进、不断发展。

蒙古族居住设施

在乌拉特草原上，蒙古包星罗棋布。蒙古包的建造和搬迁都很方便，适合牧业生产和游牧生活。蒙古包，蒙古语称"蒙古勒格尔"，

20世纪70年代乌拉特后旗蒙古族
成人与儿童服饰

乌拉特蒙古族靴子

第十届中国蒙古族传统服饰大赛乌拉特部头饰、配饰二等奖作品

古籍中称"穹庐"或"毡帐"。普通的蒙古包是圆形的，一般包顶高约4.5米，围壁高约1.6米。包壁支柱一般由4、6、8或10栅交叉连接的细柳条制成，蒙古语称"哈那"。哈那的多少决定了蒙古包的大小。蒙古包顶部搭着伞形木架，由3米左右长的数十根细木杆（蒙古语称"乌尼"）和直径约1.7～2米的木制圆形陶脑(天窗)组成，陶脑的顶圈上有孔眼儿，孔眼儿数与乌尼数相等。

在乌拉特后旗，蒙古包的陶脑有两种：一种是陶脑和乌尼不固定连接，只将乌尼插入陶脑孔眼，叫"哈图古尔陶脑"；另一种是制作时就将乌尼用生驼皮筋固定在陶脑圈上，叫"黑里黑也陶脑"，蒙古包多是这种陶脑。将顶部的乌尼下端与哈那上端依次相连，形成了蒙古包的总框架。把蒙古包的框架固定好后，用12块宽1.3米余、长3米

乌拉特后旗牧民生活情景

搭建蒙古包

余的围毡（"布日叶苏"）围住，可围一层、两层或三层，依天气冷暖而定。包顶中有陶脑，可通气采光，也做烟筒出口处。专门有平行四边形的毡（蒙古语称"额如贺"）盖陶脑。将陶脑下的包顶(亦在乌尼上)用似扇形的盖毡(蒙古语称"得布尔")盖一层、两层或三层，然后把

熬奶茶

123

倒场

盖毡、围毡用驼绒、马鬃、驼毛编制的扣绳(蒙古语称"达如拉格"，用来固定盖毡)和箍带（蒙古语称"布斯勒古尔"，用来固定围毡)固定住。蒙古包的门大多高1米有余、宽0.83米，大都向南(准确地说是东南方向)开，挂毡门帘。后逐渐改进，专门做成了木制门。

蒙古包形圆、顶尖，具有避风性能强，夏不漏雨、冬不积雪的优点。蒙古包的门较矮，寒气不易侵入。哈那是用皮条将细柳木呈"×"形穿缀而成的，易展开、易合拢，包内面积可扩大，亦可缩小。陶脑在顶部正中，采光通风性能好，幪毡可揭可苫，能随时调节包内温度，下雨、下雪时盖上幪毡，从包内用支毡柱支起幪毡既防雨雪漏进包内，又能通风。到了冬季可加围毡、盖毡，多围盖几层，以增强御寒能力。包内正中设火灶，四周铺毡或地毯，富户还有床铺，哈那内罩花毯，用以装饰。

起的简易包。蒙古包里的坐、卧位置很有讲究，右侧为客人位，左侧为主人位。来客以辈分、年龄依次从右侧坐、卧，长者在上首（右侧靠箱柜处），左侧上首为户主之位或本家长辈之位，左侧下首为家室小辈之位。晚上睡觉时不把脚伸向佛龛处。

乌拉特后旗蒙古族在倒场走"敖特尔"或参加寺庙经会、那达慕大会时暂时使用粗布制作的"麦汗"（帐篷），一般有三角形单帐篷和夹帐篷。这种帐篷顶部有一道顺梁，门口和帐尾各有一根柱子，帐篷下部边沿有绳套，用于拉紧和固定帐篷，非常轻便，易于搬运。白色帐顶上绣着蓝色或红色的云纹图案，蓝色帐顶上绣着白色或红色的云纹图案。夜晚睡觉时，斜拉帐门，用重物压住帐门即可。

改革开放以来，乌拉特后旗实施新牧区建设，家家户户有了定居点，建起了土木、砖木结构或混凝土结构的房舍，购置了新式家具、家用电器，牧区安装了风力或太阳能发电机、土暖气，通了高压电，牧民的居住条件和居住环境大为改善，蒙古包成了具有民族风情的旅游景点。

草原那达慕

乌拉特后旗那达慕丰富多彩，有小、中、大型那达慕，近几年家庭

包内正面摆放一条长方形矮桌，西北角摆设箱柜，上置佛龛，东南角摆碗架。蒙古包冬暖夏凉，易扎易拆，是游牧民族最理想的住所。它有大有小，一般人家住4栅或6栅哈那的蒙古包，也有人住8栅哈那的蒙古包，再大一些的就是顶柱子的蒙古包了。

此外，还有"车斤格日"（半身包），它是由陶脑和乌尼组成的上面遮着盖毡的蒙古包。也有"噢温格日"（窝棚），是用两片哈那和围毡搭

举办的小型那达慕越来越多。

那达慕是蒙古语的译音，意为"娱乐"或"游戏"。那达慕有着悠久的历史，是由蒙古族的"祭敖包"发展而来的，它在蒙古族人民生活中占有重要的地位，是牧民为了庆祝牧业丰收而举行的群众性传统集会活动。那达慕大会选择在水草茂盛、五畜膘肥的七八月间举行，以嘎查、苏木为单位，或以旗为单位举行，会期5～7天。牧民按照提前确定的日期和地点，从四面八方涌向会场，外地的游客、商客也闻讯而来，牧民出售牲畜和畜产品，进行物资交流。那达慕大会的活动内容主要有摔跤、赛马、射箭、套马以及蒙古棋比赛等民族传统项目，后来增加了田径、拔河、篮球、马球、赛驼、骑马射击（射箭）等体育竞技项目，各地文工团、剧团、乌兰牧骑、电影队以及科技卫生部门为牧民演出、服务。政府借此机会总结工作经验，布置生产任务，表彰劳动模范。改革开放以来，有的牧民在丰收之后，还主动办起家庭那达慕，杀羊备酒招待数百位参加者。

那达慕大会有完整的会议程序和各种活动安排，是集经济、文化、体育于一体的综合性盛会，成千上万的牧民聚在草原上给五畜过年，

欢庆牧业丰收，进行物资和文化交流，那达慕大会成为蒙古族人民的盛大节日，也是各民族团结进步、共同繁荣的大会。

制毡子

制毡子是乌拉特后旗蒙古族的一大盛事。牧民群众聚在一起制毡子，以互助合作的方式进行集体生

套马

产活动，这是他们一年一度的隆重聚会，远近的马倌、姑娘小伙子都聚到一起，欢声笑语一直飘荡在制毡场地。每当盛夏时节，每家每户在剪毛抓绒后，相约在一起，到一个广阔平坦的草地上制毯子。首先铺好旧毡子，众人动手在旧毡子上面一层又一层地均匀地铺开梳理好的羊毛，铺一层，洒一次水，拍打压实，然后将旧毡子连同新铺好的羊毛一起紧紧地卷在一根两头有轴的木杆(类似电线杆)上，用多道绳子捆紧，在两头的轴上拴好绳子，套上若干生个子马，众人使劲吆喝着，让两边的马拉着卷毡子的粗木杆跑，这样，一整块一整块的毡子就在生个子

打驼球

乘马拾哈达

马拉着卷毡子的木杆、一紧一松的奔跑过程中，像蛇蜕皮一样擀制出来了。行人如果遇到制毡子的盛事，总要停下来帮一把再接着赶路。

宰羊

乌拉特后旗蒙古族宰羊时，老年人在佛龛前烧香点佛灯，为被宰之羊祈祷。宰羊的人把羊牵到蒙古包附近，把羊四蹄朝天、头朝北按倒在地，握紧嘴巴，在其心窝处割一个小口，然后将一只手伸进羊的肚子里，用手指掐断羊的主动脉，羊就会马上死去。必须在蒙古包旁宰羊，不准在羊圈内动刀，也最忌讳抹脖子宰羊。

售畜留福

过去，乌拉特后旗蒙古族用牲畜直接换取货物和粮食。卖掉的羊在被赶走之前，主人必须从羊的腹股沟中取一撮毛，用毛抹一把羊的嘴巴和牙齿后，将毛拴在蒙古包的天窗坠绳上。若卖大畜，则取其一撮尾鬃，仍拴在天窗坠绳上保存起来，意在把牲畜的福气留在家里，赐恩发财。

游艺竞技民俗

蒙古民族民间传统体育竞技活动主要有搏克、赛马、射箭三项，被誉为"男儿三艺"，也称"好汉三赛"。每当草原上举行传统的那达慕盛会或大型敖包祭祀活动时，这三项活动都是不可缺少的项目。

搏克

按照蒙古族的习俗，搏克不分等级、年龄、体重，无地区和人数限制，参赛人数只要是双数即可。先推选一位当地的长者，对搏克手进行编排和配对。比赛时，搏克手脖子上佩戴着五颜六色的布条项圈——"景嘎"（已在一定级别的比赛中获得优胜的标志），上身穿一件镶有护心银牌、铜铆钉的牛皮摔跤服，腰系蓝、红、黄三色腰带（分别象征天、地、太阳），下身穿一条宽大的绣有各种图案的摔跤裤，脚蹬香牛皮蒙古靴或马靴。搏克手引领者唱搏克歌时，搏克手们跳着雄狮或雄鹰的舞步出场（退场时也一样）。裁判员发令后，比赛双方握手致敬，然后开始站着摔跤。搏克手可以采取勾、拉、踢、绊、推、抱、举等各种方法和技巧，但不允许抱腿或跪摔，膝盖以上任何部位先着地者为负。比赛采用单淘汰制，不限时间，一跤定胜负，败者不许再上场，胜者继续摔跤，获胜的前三名为优胜得奖者。比赛期间，取胜者到裁判台将已经备好的徽子、糖果等用双手捧出，边跑边撒在围观人群中，让大家分享胜利成果。过去，能在大型搏克比赛中夺得冠军的搏克手可获得"达尔罕"荣

鹰步

搏克

赛马

誉称号。

赛　马

赛马的方式多种多样，一般有走马、跑马、颠马三种。走马主要比赛马跑得快、稳、美；跑马主要比赛速度和耐力，在规定赛程内先到达终点者为胜；颠马主要比马颠的速度快慢、姿势美不美，参赛者坐得稳不稳。根据马的齿龄，人们把赛马分为大马、同岁马、三岁马、两岁马、小马等多种比赛，有时还专门进行公马比赛。比赛之前，参赛者必须提前训练马匹，吊马加料，精心饲养。

赛马比赛距离不等，要根据马的步法、齿龄来确定，一般快马的比赛距离在20～30千米，不仅比赛马的速度，还要比赛马的耐力。后来缩短为3000米、5000米、10000米等短程赛。赛马线路一般采取直线或绕圈两种形式。

参赛者自愿报名，不受年龄、性别限制，少则几十人，多则数百人。参赛的马匹不分品种，分组抽签，分道比赛，按时间长短排名。比赛中，参加者只准一人一马，没有特

快马加鞭

殊情况不准换马，不准用马鞭抽打他人的马匹；若参赛者中途落马，可上马继续比赛；起跑后100米内不准在里圈跑，超过110米后方可进入里圈，否则为犯规。

赛马时，把头部马鬃和马尾用红色绸带扎起来，保护马的眼睛且防止阻挡马的视线，同时也起到装饰马的作用。为了减轻马的负荷，参赛者大都不备马鞍，不穿靴袜，只着华丽的彩衣，头束飘带，乘马扬鞭，奋力争先，煞是威风壮观。快马比赛的选手均是6~13岁的小骑手，小骑手们都穿着绣有吉祥结等多种图案的十分鲜艳的赛马服装，脚蹬马靴，头戴尖顶帽或围红、绿绸带。赛马开始和结束时要高唱长调赛马歌，赛前，所有参赛者骑着马顺时针方向绕场三圈，赛场内一片欢腾。

赛马结束后，获胜者牵着自己的马，在主席台前依次排好。优秀的民族歌手高声唱诵赞词，赞词的内容主要描述马的雄健、介绍骑手的事迹、说明比赛的特点、宣布比赛的名次等。第一名最引人注目，人们在他的马的头上、身上洒奶酒或鲜奶以示庆贺，还要为获得前几名的快马授予吉祥的荣誉称号。更有趣的是，按照习俗，组织者还要对最末位的马进行十分幽默的祝颂并授予鼓励奖。

射 箭

蒙古民族的射箭活动起源于古代的狩猎，在漫长的历史进程中，弓箭作为狩猎工具和作战武器的作用逐渐消失。随着生产力的发展和社会的进步，射箭逐步与民间生活相结合，成为那达慕大会、敖包祭祀等群众性集会上的比赛项目，并不断规范。

蒙古民族的传统射箭有站射和骑射两种形式，一般有大、中、小三种弓和多种箭，有柳靶、月靶、皮靶、球靶、暗靶等多种靶牌，有时也以活动物做靶。弓身外用竹片制成，竹片内衬角片，两角相接处是硬木做成的把儿，弓的两端用皮筋弦打紧，用于比赛的弓，强度为25弦或50弦。箭长1米，用柳条做杆，用鹰羽做尾。射箭是蒙古民族十分喜爱的一项运动，男女老少都可参加。射箭比赛的射程根据年龄和性别来确定，男子的射程一般为75米，女子的射程一般为60米。

射箭比赛有时也分男子组、女子组和少年组。站射一般规定每人射9箭，分3轮射完，射程33.3～83.3米。从第一轮开始，射中者参加第二轮、第三轮比赛，射不中者被淘汰。之后以射中的中心环数、内环数、外环数计分，决定名次，予以授奖。骑射要求在骑马奔跑中弯弓射箭，尤为壮观。

射箭比赛开始或进行过程中唱

射箭

射箭"敖海"歌，比赛结束后给神箭手授予各种荣誉称号，根据比赛规模的大小，一般取前三名或前六名进行奖励。授奖时朗诵歌颂良弓和神箭手的诗歌，并进行洒奶酒或鲜奶仪式，以示庆贺。

乌拉特后旗大漠文化节

乌拉特后旗大漠文化节共由11项活动构成，包括民族民间文化研讨、文艺演出、群众文化活动、体育比赛、文化交流、报告会、三下乡活动、摄影作品大赛等八个方面。

潮格镇草原旅游文化节

乌拉特后旗潮格镇草原旅游文化节期间有赛驼、赛马、摔跤、驼球、摩托车等比赛以及牌九、抓羊齿、蒙古象棋等民间游戏比赛。

乌拉特民间游戏
沙　嘎

沙嘎，指羊踝骨。沙嘎的宽凸面叫"好尼"（绵羊），宽凹面叫"牙玛"（山羊），窄凸面叫"毛

乌拉特后旗大漠文化节上的活动

日"（马），窄凹面叫"特模"（骆驼）。 沙嘎有以下几种玩法：

一是掷沙嘎。参赛者每人分数量相等的沙嘎，然后按年龄大小或通过猜拳决定先后，用四只沙嘎掷出不同的凸面凹面，分出胜负，负者给胜者一定数量的沙嘎。二是"赛马"。参赛者各选一只有标记的沙嘎作为自己的"马"，然后将其余沙嘎（一般60只）合在一起。参赛者轮流掷各自的"马"，谁先掷出"马"谁为胜者。三是打沙嘎。参赛者把数量相等的沙嘎混在一起轮流掷，然后用手指弹打相同的沙嘎，如"马"对"马"、"驼"对"驼"，不能弹动别的沙嘎，否则为犯规。这样循环往复，将全部沙嘎收回的为胜者。四是抓沙嘎（"沙哈木那"）参赛者将"都金"（用金属细链条做成）或沙嘎扔起后抓其他沙嘎，反起手接住"都金"。将所有的沙嘎放在一起，几个人轮流抓，抓完全部沙嘎，而后，每人出等量的沙嘎，也是循环往复，抓多者为胜。

蒙古象棋

蒙古象棋是内蒙古民间盛行的一种体育游戏。蒙古文献中没有关于蒙古象棋的起源及传入内蒙古草原的相关记载，但在民间谚语中常提到蒙古象棋。直到清代《口北三厅志》转引明人的《艺仙集》介绍

玩沙嘎

抓羊齿

蒙古象棋的走法及其规则，蒙古象棋才开始被人们熟知。

蒙古象棋蒙古语称"沙特拉"，其外观与中国象棋大致相似，但形式、走法、规则接近国际象棋。相传在成吉思汗西征时就有了蒙古象棋，并按蒙古族的习惯加以改进，形成了独特的走法。蒙古崛起时，从草原进入农区，为攻打城池，曾从金人那里学习使用抛石机，后又制造火药炮，抛石机和火药炮是蒙古军队攻城破坚的重要武器，之后又把作战方法用于棋盘上，使蒙古象棋成为一种智慧游戏。

蒙古象棋和国际象棋同出一源。一般认为，国际象棋由古印度的四人棋戏"却图郎卡"演变而来，距今已有2000多年的历史。它于7世纪传入阿拉伯，改名为"沙特拉滋"，约在15—16世纪时传入欧洲，几经演变，形成了现在的国际象棋。

有人说，蒙古象棋源于西藏，

切磋技艺

之后随佛教传入蒙古地区。这种说法是不确切的。首先，在西藏蒙古象棋并不流行。其次，蒙古象棋蒙古语称"沙特拉"，是古波斯棋名"沙特拉滋"的转音。再者，蒙古象棋的子路运行法在民间至今仍保留着"沙特拉滋"的旧制〔帅（国际象棋叫"后"）和卒子不能兑换，象走三格，帅走两格，卒子只能一格一格前进〕以及王在左边等旧制。因此，蒙古象棋传入蒙古草原的时间，可以追溯到13世纪，这

浅色的称白格，深色的称黑格，每行8格，共64格，棋盘每边有8个小方格。蒙古象棋的棋子也有两种颜色，浅色的称白子，深色的称黑子，一共32个，双方各执16个棋子，每方都有一王、一后（帅）、双车、双象、双马和8个卒子。棋子是木雕立体造型。蒙古棋子的做工比欧洲棋子精致美观，具有鲜明的草原特色，如把象刻成骆驼，把卒子刻成猎狗等。双方都有诺颜（王爷）、哈昙（王后）各1个，哈萨嘎（车）、骆驼、马各2枚，厚乌（儿子，相当于卒和兵）各8个。

诺颜：可以横、直、斜着走，进退随意。没有位置的限制，但每次只限走一格，两个诺颜可以相遇，但不能用其他棋子代替诺颜。

哈昙：可以横、直、斜着走，没有格数的限制。

哈萨嘎：只有横、直两种走法，格数不限。

骆驼：分别在各自的格中走，黑驼走黑格，白驼走白格。只能斜着走，格数不限。

马：与中国象棋走法相似，以"日"字形行走，先横走或直走一格，然后再斜走一格。

厚乌：位于诺颜前面的厚乌第一步可以走两格，其他的厚乌均走一格。双方的任一厚乌到达对方

一时期，中西文化交流频繁，蒙古象棋从古代波斯传入蒙古地区，并在蒙古民间广泛流行起来。

蒙古象棋的棋盘和国际象棋的棋盘一样，是正方形，由颜色一深一浅、交替排列的小方格组成，

下蒙古象棋

的最末一格后，便成为被吃掉的对象，但不得吃掉对方的乌奴钦厚乌（孤儿）。

对弈时，白方先走，之后双方轮流各走一着。吃掉对方的棋子，由原停的一格"王车易位""吃掉路兵""兵的升格"都算走一着。所谓"王车易位"，即先动王，向车走两格，然后让车从王上面跳过，紧靠王。但在下列情况下，不允许易位：一是王或车动过后，返回原位；二是王、车中间还有别的棋子阻隔；三是王正被对方"将军"，或易位后，王到达的一格恰好被对方"将军"。

胜负的判定，据《绥远通志稿》记载，以死一方官长为终局。

当王被对方"将死"，就算输棋；当双方均只剩王或双方只剩同色格的单骆驼，即为平棋。

民族饮食 风味独特

HUASHUONEIMENGGUwulatehouqi

民族饮食　风味独特

MINZUYINSHIFENGWEIDUTE

乌拉特后旗蒙古族的饮食，以其尊贵、典雅、绿色、天然、健康、美观而被人们所熟知。白（奶食）、红（肉食）、黄（茶）三色饮食，极富色彩感和生动性，构筑了蒙古民族叹为观止的饮食文化。

纯洁吉祥奶食品

奶食，俗称"白食"，是指以奶为原料加工制作的各种奶食品。在乌拉特后旗，奶食也叫乳食，蒙古语称"查干伊德"，意为圣洁、纯净的食品。奶食品味道鲜美、营养丰富、种类繁多，是蒙古族食品中的上品。

乌拉特后旗的奶食品主要以牛、羊、马、驼的乳汁为原料，是纯天然无污染、营养丰富的绿色食品，蒙古族同胞把它当作纯洁、美好、和善、吉祥的象征。奶食品被乌拉特后旗蒙古族视为诸多饮食品之冠，在待客或宴请宾客时，乌拉特后旗蒙古族都要放些奶食品，用以点缀并表示美好的祝福，奶食品也是馈赠亲友的佳品。

乌拉特后旗蒙古族招待宾客时，通常敬献白食"德吉"，这种礼仪的本意是请客人先尝后吃，表示对客人的尊重。逢年过节或者喜庆宴席上，主人必然首先端出一盘洁白的奶食，请客人品尝。家中如有亲人出门远行，要敬奶食品祝福亲人一路平安、事事顺意。晚辈过生日或者举行喜庆典礼时，长辈都要在其脑门处涂抹一点鲜奶或黄油，表示美好的祝愿。

乌拉特后旗蒙古族奶食品可以分为乳品饮料和乳制食品两种。乳品饮料有初乳、鲜乳、酸凝乳、稀释酪、酸马奶、奶酒等，乳制食品有奶油、奶皮子、酪蛋子、奶豆腐、黄油、黄油渣等。

初　乳

初乳分为浓初乳和淡初乳。母畜产仔后的前两天内挤出的乳汁是浓初乳，3~5天内挤出的为淡初乳。初乳是乳汁中的精华，可以煮沸饮用或熬制粥饭食用。

鲜　乳

鲜乳指挤完初乳后再挤的乳

汁。产后的绵羊、山羊、牛、马、驼都可以挤鲜乳。鲜乳是各种奶食品之源，可以滋阴壮阳，祛病保健强身。

酸凝乳

酸凝乳即酸奶。将鲜乳盛入器皿，热天放1~2天，凉爽天放3~7天，鲜乳便自然发酵，呈黏稠状。酸凝乳可直接饮用，酸爽适口，生

酸凝乳

津开胃，也可加白糖饮用，亦可拌炒米或拌在面食里食用，是一种具有天然风味的绿色保健食品。

奶 酒

乌拉特后旗蒙古族自古就有酿制奶酒的传统习俗。奶酒的酿制用料和工艺流程主要有两种：一种是直接用酸奶蒸馏酿制的奶酒，另一种是在酸奶中兑入适量酒曲酿制的

奶酒

奶酒。无论采用哪种方法，奶酒的酒精度都不高，口感绵甜醇香，喝了让人回味无穷。长期适量饮用奶酒，可驱寒活血、舒筋、健脾、补肾、养胃，强身健体。

奶 油

奶油也叫白油，蒙古语称"乌如沫"，是牛、羊奶初加工过程中

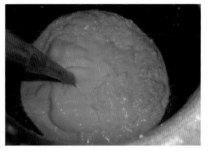

奶油

提取的脂肪。乌拉特后旗蒙古族传统提取奶油的方法有两种：一种方法是将鲜奶存放在干净的敞口器皿中，用纱布封口，两三天后，乳汁变酸变稠，酸乳的最上层会浮出一层脂肪，这就是奶油，用勺子将奶油收集后，剩下的便是酸凝乳。另一种方法是将鲜奶置于瓷制器皿或木桶内，用纱布封口，放置数天，待发酵变酸后，盖上中间有孔的木盖，用木制带把的撖奶工具反复多次上下撖，并适时调节温度。撖到一定程度后，酸乳上会浮出一层油脂，这就是奶油。撖的作用是可提高出奶油率。将奶油撖出后，剩下的便是酸凝乳。

奶皮子

奶皮子蒙古语称"哈他森乌如沫"。将鲜奶倒入锅里，文火烧开

奶皮子

后，用勺子舀扬，直到奶沫充分漂浮在鲜奶上面。然后保持文火渐至熄火，半盖锅盖，不要有风吹过，慢慢地乳汁上凝结出一层脂肪。待冷却后，用筷子或细木棍将其从对折处挑起阴干，奶皮子就做成了。

酪蛋子

奶蛋子也就是奶酪，蒙古语称"阿如勒"。将撇了奶油的酸奶倒入锅内，用慢火熬开，盛在白棉纱布袋里挤净水分，用手攥

奶豆腐

成条、块状或装入模具成型，晾干后即成奶酪。如果将其放入模具挤压成型而未晾干，就是奶豆腐，蒙古语称"胡如得"。

黄 油

黄油是从奶油里提炼出来的精华，营养价值更高。把一定数量的奶油倒入锅内，用慢火边熬边用铲子翻搅。当油面出现黄色泡沫时，放入少许面粉或小米，继续熬制就

黄油

可以分离出黄油。用勺子慢慢舀出黄油，盛在专门的容器里。舀出黄油之后，锅底剩下的渣子，叫黄油渣，蒙古语称"久亥"。

色美味香肉食品

肉食，俗称"红食"，蒙古语称"乌兰伊德"，意为鲜红的肉食品，品种也很多，主要有手把肉、烤全羊、整羊背子、羊肉串、涮羊肉、灌肠、羊宝等等。这些都是具有浓郁游牧民族特点的美味佳肴。

手把肉

手把肉，也叫手扒肉、手抓

肉，是乌拉特后旗蒙古族传统的肉食品之一。将绵羊或牛用传统的方式宰杀，剥皮去内脏，去头去蹄。将肉洗干净，按骨骼大小卸成若干块，放入冷水锅里煮，只放盐和葱，其他调料都不放，以保证肉的原汁原味。而且用来煮手把肉的柴火很有讲究，最好用木柴或牛粪。待水滚肉熟后取出，置于大盘中上桌，大家手拿蒙古刀大块大块地割着吃。因为吃手把肉不用筷子，而是用手抓食，故得此名。

吃手把肉的方法也比较讲究，一般是左手持肉，右手拿刀，刀刃向内，从外向内轧肉。民俗学者说："这体现了对别人的尊敬，刀刃向里，宁可伤到自己也不能伤到别人。"一般情况下，羊的胸部蒙古语叫作"额布奇雅思"，后腿部位蒙古语叫作"索吉雅思"，这两块肉要敬献给尊贵的客人或长辈；羊的前肩胛骨部有一块类似扇形板子的骨头，蒙古语叫作"达楞雅思"，这块手把肉是要大家共同分享的，由主人用刀子给每个人分一块。吃肉的时候一般应该肥瘦搭配，特别像羊肋骨，外面一层都是肥肉，靠近骨骼的才是瘦肉，所以一般吃这块肉的时候不能一层一层地吃，而应该把刀子由表皮向骨骼纵向垂直切，这样切出来的肉块白红相间、肥瘦搭配，吃着才鲜嫩可

手把肉

口，不肥不腻。如果自己单独吃一块肉，一定要把骨头上的肉吃干净，这对不常吃手把肉、不会用刀子的宾客来说还有点难，特别是脊椎骨头，结构复杂，纵横交错掺杂在一起，没有三两年吃手把肉、使刀子的经历是绝对吃不干净的，所以最好别单独享用一块骨头或者尽量别选难啃的骨头。有些主人很讲究，会把煮好的肥羊尾一片一片切下来，分别敬献给客人，一般情况下客人要入乡随俗，要十分友好地接受这份敬意，把这片肥羊尾全部吃掉，要是确实觉得有些肥腻，可以蘸点蒜蓉辣酱。

人们说，乌拉特后旗的羊吃的是中草药，喝的是矿泉水，拉的是六味地黄丸，当然它们的肉质是无可比拟的了。要想吃到正宗地道的手把肉，最好深入草原腹地，到牧民家中，这样才不会吃到育肥的或者外地冒充的羊肉。在蒙古族饮食文化中，有肉必有酒，有酒必有歌舞相伴。吃了手把肉，即使平时你只有半斤的酒量，这时喝上八两草原老酒也不会醉，不信你可以亲自试一试。

烤全羊

烤全羊是乌拉特后旗蒙古族另一种具有传统风味的肉制品。蒙古族传统烤全羊既是佳肴，又是宴席上一道最讲究的名菜。烤全羊讲究

烤全羊

色、香、味、形俱佳，有浓厚的民族风味和地区特色。烤全羊分为供品、宴席和礼品三种。供品用于隆重的祭祀，如祭敖包、祭神，供品烤全羊多用当年羯羊烤制；宴席烤全羊用肥尾大羯羊烤制；礼品烤全羊以中等大小的羊烤制。

烤全羊是将羯羊宰杀后，经过煺毛、整理、填配料等十几道工序后进行烘烤。烤全羊须用特制的烤炉烤制，烤熟的全羊皮呈棕红色，刚出炉时油光闪亮，吱吱作响，香气扑鼻，外层酥脆醇香，内里肉质松软鲜嫩，肥而不腻。厨师将烤好的全羊摆成卧姿盛放在盘子内，头披哈达（现在亦以红纱代之），端出全羊请客人过目。然后按照皮、肉、骨的顺序依次将全羊分解成若干块和片，端上席面供客人享用。按照传统习惯，就餐时还要致吃烤全羊的祝赞词。

乌查宴

乌查宴，又称乌查之宴。《蒙古秘史》记载："成吉思汗定天

羊背子

下，大宴功臣，设全羊名为乌查之宴。""乌查"音义均同"五叉"，是蒙古语音译，民间习惯叫"放羊背子"。羊乌查，蒙古语还叫"秀斯"。乌查宴是蒙古族招待客人的高级别礼节，是在接待贵宾和盛大节日宴会上极其典雅庄重的启位菜。只有宴请特别尊贵的客

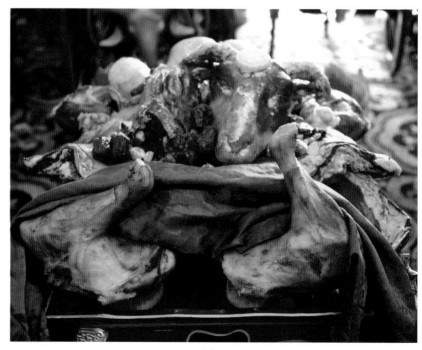

羊乌查

人，或者举办盛大祭典，才会摆羊乌查。

乌拉特后旗的羊乌查宴是将羊背处第七根肋骨至尾巴末端卸下一方块儿，再卸四肢（四肢的关节不可割离）、头、脊椎，放入白水锅里，用文火煮熟。装盘时，须按整羊的前后左右部位的顺序垫底，上置羊背，羊背上再放燎尽毛的羊头和脊椎。要按羊的卧姿摆放，羊头额顶部涂抹黄油或奶食。上桌时，全羊的头要对准首席客人，客人用刀在羊的额头上划个"月牙形"后将羊头捧给司酒者，司酒者操刀割下羊尾尖儿、腔骨，与羊头一起置于盘内，端去祭神佛。而后，由司酒者执刀卸羊背待客。食用羊背之前，主人向客人致辞敬酒，客人双手接过酒杯(银碗)，用右手无名指蘸上酒向空中弹三下，以示对天、地、神灵的尊崇，然后自饮，续满后回敬主人，以示尊重。

灌　肠

乌拉特后旗蒙古族肉食品中，灌肠颇具特色。灌肠又分为血肠和肉肠。

血肠的灌制方法是在宰羊时将羊胸腔内的羊血盛在器皿中，把羊小肠冲洗干净。然后在血中掺入适量面粉(白面即可，荞面更佳)、盐、沙葱、腰窝油等，搅拌均匀，慢慢

血肠

灌入肠内，然后入锅煮熟。沙葱是牧区的野生植物，又称蒙古葱，多生于沙地，味道类似于葱，又有别于葱，介于葱和韭菜之间，是大自然赐予广袤的草原和勤劳的牧人难得而又无可替代的野生绿色蔬菜。血肠的特点是味道鲜美，清香可口。乌拉特后旗蒙古族牧民冬季卧羊时有时将灌好的血肠与心、肝、肺等内脏一起洗净装入羊肚(羊瘤胃)，冷冻备用。

灌制肉肠需要把羊剖腹宰杀后，将羊肥肠取出洗净，因为羊肥肠粗而且有不少脂肪。灌制前，从羊腹腔靠脊骨两侧用刀割下两条脆嫩的肉，再割下脖子上的肉，剁成肉馅，放入葱、蒜、姜粉、食盐，撒上一些炒面，灌进肥肠里。灌肠时把肠子一头扎住，从扎住的这头

肉肠

开始灌，有脂肪的那面就自然随灌入的肉馅翻到里面了。灌好后，用清水再次冲洗，然后下锅煮。煮熟后捞出，切成约三寸长的段，盛盘上桌，蘸着醋蒜泥食用。肉肠肥瘦适宜，香而不腻，十分鲜嫩可口，好的肉肠并不比羊肉逊色。

"珍珠节"

"珍珠节"的"珍珠"，就是羊宝，学名叫羊睾丸。

乌拉特后旗蒙古族生活在干旱少雨、人烟稀少的荒漠半荒漠草原，畜牧业发展受到自然环境的严重制约。草原上生活的牧民，如果哪家当年接的羊羔多，就预示着丰收在望。于是在骟羊羔前就早早约好亲朋好友，在家中隆重举办"珍珠节"，一方面庆祝牧业丰收，另一方面预祝风调雨顺、吉祥如意。

通常，牧人要将羊宝置于米粥中煮食，这种米粥叫作"珍珠粥"，是不可多见的奇食。因为小羊睾丸洗净后晶莹爽滑，圆润亮泽，颇似珍珠，故得此名。随着时代的发展，"珍珠粥"逐渐成为一种新的草原美食，并且有了"珍珠节""珍珠宴"。

"珍珠节"上的"珍珠粥"就是把羊"珍珠"淘洗干净，辅以佐料，下锅煮熟，入盘即可上桌食用，冠名"珍珠宴"。有时在粥内放一些较小的"珍珠"，佐以黄油、奶酪、红枣、葡萄干、白糖等。"珍珠"肥而不腻，补而不燥，风味独特，是补肾助阳佳品。

其实，对于乌拉特后旗蒙古族牧民来说，"珍珠节"的意义在于与亲朋好友一起庆祝丰收，共同展望充满希望的未来，牧民视牲畜如珍珠一样珍贵，希望生活过得像珍珠一样美好。

风味独特数主食
蒙古包子

乌拉特后旗蒙古族日常生活中还有一种特色食品就是蒙古包子。蒙古包子馅的传统做法通常是将新鲜羊肉肥瘦搭配，切成小块肉丁，加入盐、沙葱。蒙古包子的面皮要求比较高，先把面粉加水和得软硬适度，放在盆内饧好。面皮越薄越好。蒸熟后的蒙古包子，外观晶莹剔透，内里肉质鲜嫩，肉香葱香交织，食后唇齿留香，回味绵长。

蒙古包子

蒙古馅饼

汉族有句俗语："好吃不如饺子。"蒙古族也有句常话："好吃不如馅饼。"看来，饺子和馅饼都是佳肴。

蒙古馅饼是一种风味面食，是蒙古族人家招待贵客的主要食品之一，距今已有300多年的历史，最早是用荞麦面做皮，牛、羊、猪肉为馅，采用干烙水烹的方法制成。明末清初，馅饼从民间传入王府，由干烙水烹改为用豆油、奶油煎制，并用白面做皮，馅饼成了王府中经常食用的佳品。乌拉特后旗的蒙古馅饼既延续了它的传统工艺，又融合了地方特色元素。它以面稀、皮薄、馅细为特点，馅以新鲜牛、羊肉为主，加入极少量绿色蔬菜。烙制后形如铜锣，外焦里嫩，饼面上油珠闪亮，透过饼皮可见里面肉似玛瑙，菜如翡翠，红绿相间，煞是好看。用筷子破开饼皮，热气升腾，香味扑鼻，让人产生强烈的食欲。

蒙古馅饼

馓子

馓子又叫奶果子，是蒙古族独特的传统面食。在面粉中和入鲜

馓子

奶、糖，混合成较硬的面团，做成条块状或圆饼状，放入羊油锅中炸制成型，熟后即可食用。乌拉特后旗蒙古族待客敬奶茶的同时，馓子和炒米也是必不可少的。

炒米

炒米是蒙古族独特的传统食品之一，是牧民生活中必不可少的食粮。《吕氏春秋·本味篇》中记载："饭之美者……阴山之稷(糜子)。"意思是阴山以南的糜子粒大、饱满，有光泽，食之味美。另外，汉代的《史记》和《汉书》都曾记载这样一件事：前51年，匈奴

炒米

呼韩邪单于赴长安后北归，途经朔方郡鸡鹿塞(今巴彦淖尔市磴口县沙金套海苏木巴音乌拉嘎查与乌拉特后旗呼和温都尔镇乌兰哈少嘎查交界处的哈日那沟山前沟口西侧)，先后获朔方、五原两郡赠送的军粮"边糒（bèi）"(当时称为干饭，也就是现在的炒米)200万斤。由此可见，炒米早已成为马背民族的一种主要食品。炒米用糜子炒制而成，可分为脆炒米、硬炒米。加工脆炒米，把糜子入锅加水搅动，文火煮至膨胀后，淘出晒干。然后倒入烧红沙子的锅内，搅拌炒至迸出米花后出锅。加工硬炒米则不经水煮，不用沙子，直接干炒，然后把炒熟的糜子用石碾子碾三次，依次簸出粗糠，筛出细糠和碎米渣子，就是成品炒米了。

炒米的吃法较多，可以直接干吃，也可以用砖茶、奶茶泡着吃，还可以拌着酸奶吃。最典型的吃法是把炒米泡入奶茶，辅以酪蛋子、黄油、手扒肉片或肉干等，这是一道颇具蒙古民族特色的快餐，深受蒙古族群众喜爱。炒米食用方便，特别适合牧民的生产生活，牧民在野外放牧、倒场或旅行时，炒米也是很好的干粮。

香气四溢话饮茶

乌拉特后旗蒙古族的饮茶习俗别具特色。饮茶是蒙古族的传统饮食习惯，谚语说："学之初啊（a，蒙古文第一个字母），食之初茶。"奶茶也是草原牧民日常生活中不可缺少的上乘饮料，俗话说："宁可一日无食，不可一日无茶。"喝奶茶的习惯在乌拉特后旗蒙古族中一直延续至今。乌拉特蒙古族的茶品分为清茶、奶茶、茶粥（温达）三种。

清 茶

清茶是用青砖茶熬制而成的茶饮料。乌拉特后旗蒙古族一般饮用湖北赵李桥川字茶和湖南安化青砖茶，用湖北赵李桥川字茶熬出的清茶茶色酽，而用湖南安化青砖茶熬

清茶

川字茶

出的清茶颜色相对淡些。清茶的熬制方法因人而异，各地略有不同，但基本一致的做法是：先将砖茶劈解或捣成碎末，取适量放入开水锅，待茶水沸腾时放入一些食盐，用勺反复扬几次，然后盛入茶壶，放在火炉上再熬片刻，即可饮用。

奶 茶

奶茶也叫蒙古奶茶，在熬制好的清茶内兑入适量鲜奶后煮开，即可饮用，味道浓香。饮用前还可加入炒米、馓子、油饼、肉片、肉干、酪蛋子、奶皮、黄油等富有营养的食品，在特制的铜锅里慢火熬制，边喝边吃，美味无穷。长期饮用蒙古奶茶，不仅可以解乏提神、促进消化、增强食欲，还可以降低血脂、预防心脑血管疾病。

蒙古奶茶

蒙古奶茶和油果子

温 达

温达是一种茶粥。先熬制好清茶，去掉茶渣后放入捣碎的牛羊肉干和少许生米，用猛火熬制片刻，味道诱人的温达就出锅了，既解渴又充饥。

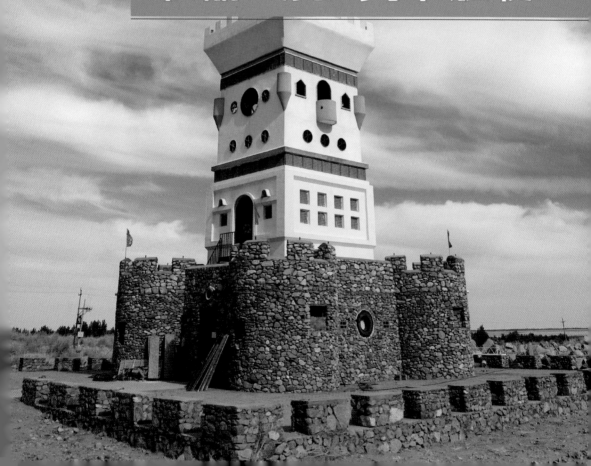

壮丽风光　美不胜收

HUASHUONEIMENGGUwulatehouqi

壮丽风光　美不胜收

ZHUANGLIFENGGUANGMEIBUSHENGSHOU

乌拉特后旗层峦叠嶂，峡谷纵深，沙丘起伏，戈壁无垠，保留着全国乃至世界极为罕见的完整的地形地貌。

巴音满都呼
——中国恐龙化石的宝库

从乌拉特后旗政府所在地巴音宝力格镇向北越过阴山，抵达潮格温都尔镇，然后从那里启程，沿着X934县级柏油马路，来到104—105界桩处，一条沙漠公路连接着柏油马路和西边的沙漠，如果不仔细看就不会发现。沿着这条沙漠公路向西而行，路边矗立着一块汉代塞外长城碑，这说明在汉代这里就是中国的边境了。从这里向西走，一路上人迹罕至，偶尔路边会闪出一两间废弃的简易房子，这几年实行草原禁牧，牧民也多撤回镇里居住了，偌大的戈壁滩上只留下牧民们以前居住的简陋住房。

远处，一片暗红色的山峦出现在戈壁滩上，那就是中国、加拿大科考家们发现恐龙化石的地方，当地人叫它"巴音满都呼"，"巴音满都呼"在蒙古语里是"富裕兴旺之地"的意思。数万年前，据说这里是一片水草丰美之地，然而，随着自然条件的恶化以及人类的过度放牧，形成了眼前的戈壁滩。

山的台地和谷底之间形成了很大的视觉反差。谷底明显是一条河谷，被河流冲刷出的地层横剖面向我们展示了这里的玄机。几千万年前，这里是一片汪洋，恐龙的遗体被水流席卷到这里，被沙泥覆盖，千万年后变成了化石。

站在恐龙发掘现场的纪念碑前，环顾四周，能看到整个戈壁滩。恐龙化石是如何被身在万里之外的加拿大学者发现的呢？

1979年早春时节的一个下午，在一户牧民家里，牧羊人苏根额图懒洋洋地享受着难得的阳光带来的一丝温暖，远处，他的羊群努力地在植被稀少的草地上寻找着干草，

恐龙化石保护区

恐龙化石保护区纪念雕塑

蓝色的天空、高出戈壁滩的红色砂岩层、洁白的羊群是这片土地千百年来的基本色调。只是，在这个注定不寻常的下午，或许有什么事情要打破这里的寂静。

那天，苏根额图收拾起铺在身子下的小皮袄，慢慢地爬上砂岩层寻找他的羊群。突然，几块白色石头在枯黄的戈壁滩上显现出来，他不经意地走过去用脚踢了踢，发现石头不像他想象的那么小，它们不仅很大，样子也很奇怪。苏根额图弯下腰去，试图搬动这些石头，但使出浑身的力气，石头也纹丝未动。草原上的人每逢看到石头，都要捡起来堆放在敖包上或将好看的石头拿回家放在帐篷周围，苏根额图便拿起几个小的，到巴音前达门苏木和乌拉特后旗有关部门讲述了自己的经历。

从此，这些石头从巴音满都呼启程，开始了自己的旅途，从苏木到旗再到内蒙古自治区博物馆，博物馆的工作人员将它们送到北京的中国科学院古脊椎动物与古人类研究所。终于，它们引起了中国科学院古脊椎动物与古人类研究所研究员董枝明的关注，董枝明先后参与了中国自贡和禄丰等恐龙化石的发掘和研究，并且为35种新发现的恐龙化石命名，被学术界尊称为"恐龙王"。当来自巴音满都呼的石头摆在他的面前时，他的眼睛顿时一亮，他说此前从没有看到过这样的恐龙化石，并断定这很有可能是恐龙化石研究史上又一个不同寻常的发现。

1986年，加拿大"源于地球"基金会、渥太华国家自然史博物馆和中国科学院古脊椎动物与古人类研究所经过多轮磋商，签署了中加恐龙化石科学探险考察计划。董枝明顿时想到了自己看到的那几块来自巴音满都呼的化石，他建议将这次科学探险考察的目标放在内蒙古的巴彦淖尔境内和新疆。一支考古队伍来到了乌拉特后旗，探索这些白垩纪晚期的恐龙化石。

1988年，中加科考探险考察队兵分两路在中国境内展开了恐龙化石的发掘工作，其中的一组前往新疆准噶尔盆地，另外一组直奔乌拉特后旗。在乌拉特后旗，科考队很快就发现了有恐龙化石的地层。地层的剖面大约有45千米长，它的主体完全切入巴音满都呼的广阔戈壁地带。科考队发掘出了超过60个完整的原角龙头骨及个体骨架，从刚刚孵化出的幼仔到年老的恐龙一应俱全，简直就是一部完整的原角龙成长史。

原角龙最早发现于1922年，是美国中亚考察团在蒙古国一个叫火焰崖的地方发现的。当时的古生物学家们普遍认为它属于角龙类的祖先，所以就把它们命名为原角龙。原角龙是一种身长不到2米、体重不足200千克的进化中的恐龙。此时的原角龙还没有长出后来各种角龙那样千奇百怪的角，但这些化石在骨骼特征和身体形态上已经表现出和后期角龙一致的特征，这足以证明，原角龙就是角龙的祖先。

在巴音满都呼的这次大规模发掘中，科考队从砂岩地层中找到了许多恐龙骨架，包括甲龙、绘龙、窃蛋龙和中国似鸟龙，以及龟甲壳、蜥蜴类与哺乳动物的骨骼。一个偶然的机会，队员们在晚白垩纪地层的结核中，找到一个只有瓶盖大小的幼年甲龙头骨化石，这是世界上迄今发现的最小、最完整的甲龙头骨化石。考察中还发掘到几十具从幼年、成年到老年不同年龄的原角龙化石，这在世界上亦属罕见。同时发现的还有3窝完整的原角龙长形化石、小食肉龙化石以及与恐龙共生的蜥蜴类、鳄类、巨型鱼鳖类等化石，特别是在该地发现的大量哺乳类动物化石填补了中国晚白垩纪哺乳类超级大动物化石的空白，将内蒙古哺乳类动物的历史推前了1000万年左右。

那些恐龙化石已经被带走了，留给这里的依然是死一般的寂静和荒凉。然而，透过那些从巴音满都呼、二连浩特、新疆准噶尔盆地和蒙古国挖掘出的恐龙化石，以及阿拉善盟额济纳旗境内的化石保护区、乌拉特中旗海流图镇发现的7000万年前的恐龙脚印，我们的眼前会出现这样一幅画面：那时，这里是一片浩渺的湖泊，湖泊与湖泊之间有大片的绿地和丛林，北到今蒙古国内，南到黄河边，西到内蒙古额济纳旗甚至新疆一带，东到内蒙古二连浩特，在水还没有完全干涸的时候，恐龙在上面活动时留下了脚印，沉积成了如今的脚印。

这证明，7000多万年前，巴彦淖尔地区气候炎热、植被茂盛，地面散布着一些湖泊，形态各异的恐龙在这里生活，如原角龙、绘龙、奔龙、窃蛋龙等，还有大量龟鳖类、鳄类以及蜥蜴类的爬行动物。

那时，恐龙仍然统治着陆地，像飞鸟一样的翼龙在天空中滑翔，巨大的海生爬行动物统治着浅海地区，最早的蛇类、蛾和蜜蜂以及许多新的小型哺乳动物也在这一时期纷纷登场，它们成群结队游荡在巴彦淖尔辽阔的草原上。

白垩纪晚期，这片土地上出现了一些巨大凶猛的肉食性恐龙，在这些凶猛的恐龙面前，食草的甲龙几乎没什么抵抗能力，它们是什么时候消失的，隔着上亿年的尘嚣迷雾，我们已经无法确定，唯一能确定的是，甲龙和水草在大自然的进化中都消失了，留下的是沧海桑田的巨变。

巴音满都呼恐龙化石保护区是中国唯一的一处原角龙、绘龙、甲龙、窃蛋龙动物群产地，巴彦淖尔地区出土的白垩纪晚期恐龙化石，在中国及亚洲都有极其重要的代表性，在恐龙研究史上具有十分重要的意义。

科考队在这里还发现了一个恐龙坟场，这个充满了死亡气息的古老坟场中，埋葬着一种体形不大的甲龙，也叫绘龙。这是一种体态纤细的甲龙类恐龙，它的脑袋扁平，鼻吻短，牙齿小而脆弱，据专家推测，它们大概只能吃相当软的植物。这个坟场里共挖掘出12具如羊羔大小的未成年甲龙化石，其中，有7具甲龙化石待在一个狭长的巢穴中。当初参与挖掘的董枝明介绍：他们在里边找到7个小甲龙，它们是在巢穴中被挖掘出来的。这些看上去还十分幼小的甲龙蜷缩着身体，相互依偎在一起。它们有的身子朝前，有的朝后，有的大张着口，有的抬头张望，神情似乎很恐惧，也很绝望。这些可怜的小甲龙到底遭到了怎样恐怖的厄运？科考队员们感到既兴奋，又困惑。

科考队员推测，或许就在6700万年前白垩纪晚期的某个时候，一场突如其来的灭顶之灾把这些可怜的小恐龙埋入地下，使它们成为凝固的化石。这会不会就是所谓"恐龙大灭绝"的那个时期呢？经验丰富的董枝明并不赞成这种说法，至少，他不认为这群被突然埋葬的恐龙经历了所有恐龙的末日。他认为，这个恐龙坟场只是一次突如其来的灾难性风暴的意外结果。尽管全世界的古生物化石研究者对恐龙灭绝提出了几百种假说，但白垩纪晚期的恐龙大绝灭迄今仍然是生物历史上的一个千古之谜。

这次挖掘是在20世纪后半期，是世界上恐龙大量发掘最成功的一次，科考队员在这次发掘中发现了大约13种恐龙，各种鳄鱼、乌龟，等等。

1996年8月，由内蒙古博物馆与比利时皇家科学院联合组成的科考队再次进驻巴音满都呼。一个上午，参与中比联合考察的李虹发现了一块完整的化石，凭着多年的考古经验，李虹判断这是绘龙的头骨化石。经过几天的细心发掘，一具基本完整的绘龙骨骼化石被清理出来。发掘出来的化石后来被运回呼和浩特市，经过认真的修复以及中比考察队专家们的认真研究，确认它是一具成年绘龙骨骼化石，并把它命名为"魔头绘龙"。

这次考察期间，队员张哲敏和商长涌还意外地发现了一具罕见的泥龟化石，它栩栩如生，是一具非常好的龟化石，长度大概有70厘米，宽度也有60多厘米，这是迄今为止在该地区发现的保存最好的一件龟化石。

这次科考进一步填补了我国晚白垩纪哺乳类动物化石的空白，巴音满都呼也成为名扬中外的"恐龙化石宝库"。1999年，巴音满都呼被内蒙古自治区确定为"重点恐龙化石保护区"。

如今，在这个集草原、戈壁、沙漠于一体的地方，有一座6～7米高的雕塑，在蓝天的映衬下显得气势宏伟。雕塑的正方形底层基座为黑色花岗岩，上层基座为等腰梯形，棕红色花岗岩贴面，基座上伸出一双巨手，托起一颗硕大的地球，地球上站着一只巨型的恐龙，它见证了这块神奇的土地上大批恐龙化石被挖掘的时代。

宝音图戈壁滩上的风蚀景观

看惯了城市风景的人，一定对沙漠戈壁充满了好奇，荒漠奇观令人神往，戈壁滩上的风蚀景观更能给人带来一种视觉上的享受。

宝音图风蚀景观位于乌拉特后旗原宝音图苏木政府所在地南4千米处，这是一处由紫红色砂质泥岩风蚀形成的自然景观。川井，蒙古语意为戈壁滩中高耸起来的建筑，这座风蚀景观因形状酷似烽火台，被称为"川井烽火台"。

驱车来到这里，在10千米远就能看见广袤的荒原上矗立的这座红

宝音图风蚀景观

色巨柱，它原来的高度约100米，占地200平方米，经多年风蚀，现高约40米，占地100平方米。走进风蚀景观，你才能看到它的形象，壮观而不可攀。从不同角度望去，它似昂首远眺的骆驼，又似极目眺望的牧羊女。围绕着这块巨石底部的蓝色哈达长达数百米，是蒙古高原上最长的哈达，表达了牧民们的虔诚。

巴音满都呼、宝音图一带的丹霞地貌是巴彦淖尔市国家地质公园的一个重要景观，该处丹霞地貌的面积超过100平方千米，由白垩纪砂岩和粉砂岩构成，在风沙的吹蚀中雕琢出高原台地状、方山状、城堡状、锥状、塔状等，千姿百态、造型各异、气势磅礴、神秘莫测。

丹霞地貌最突出的特点是"赤壁丹崖"广泛发育，形成了顶平、身陡、麓缓的方山、石墙、石峰、石柱等奇险的地貌形态，是一种具有较高观赏价值的风景地貌，也是一种非常宝贵且别具一格的风景旅游资源。

阴山峡谷
——自然与历史景观的大通道

从乌拉特后旗政府所在地巴音宝力格镇前往阴山北边的赛乌素草原，要经过全长27千米的阴山峡谷，峡谷两侧地质景观各具特色，褶曲景观、象形景观众多，像骆驼、像龟、像旗帜……简直就是一部生动的地质科普教材。

这条峡谷是阴山上向西几十千米、向东上百千米唯一的一条路，此处的阴山更像一位静默的老者，用无声的守候诉说着历史的沧桑。当年，大汉远征军出兵阴山，匈奴大军南下河套，将轰鸣的蹄音留在

阴山峡谷（一）

了这片山谷，轰鸣过后这里便陷入沉寂。

在峡谷的入口处，还有近百年的榆树和牧民的住所。所有景观尚未正式命名，分布相当集中，引人入胜，令人叹为观止。该处景观被当地人称为"乌拉特后旗的九寨沟"，但说成"乌拉特后旗的小黄山"更为贴切。在阴山峡谷的北边还有一处大型象形景观——"佛手向天"，在公路边可观此景，傍晚时分，夕阳西下，独特的佛手霞光景观美不胜收。

出了阴山峡谷，在位于赛乌

素草原至东升庙19千米路桩附近，有一处由小型谷地组成的天然石景园，为花岗岩地貌，当地人称"石门"。景园由两条沟组成，分别长约500米和1000米，面积约3平方千米，为典型的"U"字形和"V"字形峡谷。峡谷两侧是形态多样、栩栩如生的各种象形石头景观，有天然的石板路、石头巷、龙蛇争霸、大头鱼、猴子观海、老鹰捕食、石鸭、老猪梦美、运动员、骆驼峰、松鼠偷日、豹子缩头、金龟探海、大鹏啸天、猴王探头、阴山守护神、天梯、牧羊女、天马行空等。

两条沟中还各有一处清泉，四季长流，名叫"鸳鸯泉"。

贯穿阴山峡谷的这条山沟叫达拉盖沟，是整个巴彦淖尔境内纵穿阴山的三条沟之一，连接着阴山南北。达拉盖沟山势并不算十分险峻，起伏平缓，是一条比较宽阔的洪水沟，沟里乱石嶙峋，如千军万马般浩浩荡荡地铺展开来。这里矿藏丰富，却几乎是不毛之地，从沟

阴山峡谷（二）

底到山顶，只有稀疏、孤零零的几棵山榆生长着，最高的也就3米左右。有的山榆紧贴岩缝顽强地把根扎下去，秋天时，上面枝繁叶茂，下面青筋暴露，有种残忍的美。

光禄塞
——西汉时期的城防杰作

战国、秦汉时期往往将长城统称为"塞""障塞"或"塞墙"，如赵武灵王兴筑赵北长城，称"自

代并阴山下,至高阙为塞",秦始皇派遣蒙恬北逐匈奴后"因河为塞",两处"塞"均指长城。在长城沿线的山谷口或平川地带每隔数十里兴筑的小城称为"障",由侯官驻守,故又称为"侯城"。在山中兴筑的瞭望和防守据点叫作"亭"。在重要交通要道上兴筑的据点有时也称为"关"。在长城沿线及各城障之间筑有互相可以瞭见的烽火台,统称为"烽燧"或"燧"。各塞、障、城、亭、关、燧都有固定名称,如鸡鹿塞、遮虏障、望亭、化胡燧等等。

光禄塞本是指汉外长城,但因其是由西汉武帝时光禄勋(官名)徐自为所筑之塞墙及列城,故后世亦称此段塞防为"光禄塞"。《汉书·地理志》五原郡固阳县下注有:"北出石门障得光禄城,又西北得支就城,又西北得头曼城,又西北得虖河城,又西得宿虏城。"此处所言之"光禄城"应是指光禄勋徐自为所筑之光禄塞上屯兵驻守的城障,而不是通称的塞外列城。史籍所载光禄塞上的这五座城,应当是分布在汉光禄塞一线的防御匈奴的边城。

据巴彦淖尔市和乌拉特后旗文物工作者调查,又经2009年乌拉特后旗历史文化考察团专项调查,在光禄塞一线发现的古城可以大致认定为汉代城址,由西向东有乌拉特后旗的朝鲁库伦、青库伦、乌兰库伦、呼鲁斯东城、哈那五座古城和海力素太古城城障遗址,以及在乌拉特前旗发现的增隆昌古城。

朝鲁库伦古城

朝鲁库伦古城位于乌拉特后旗乌力吉苏木西尼乌素嘎查宝力格牧业小组汉外长城南线以南约0.5千米处。朝鲁库伦,蒙古语,意思是"石头城",该城址位于光禄塞在乌拉特后旗境内的最西端。古城东面是季节性的河流,河水绕城由北向西北流去。内蒙古考古工作者于1976年发掘该座古城。

古城平面呈方形,墙体用大石块垒砌,平整坚固。南墙西段保存完好,城墙四角有向外突出的方形角台,东墙中部开设城门。城门外加筑方形瓮城。城门两侧、城内四角及西、南两墙正中的内侧都砌有蹬城踏道。城内西南部筑有独立院落,东、北两墙正中开设城门。院内有用石块垒砌的房屋基址十余座,其中西南角上的一座房基规模较大。城内全部被流沙覆盖,经清理后发现遗物较多,有大量的汉代的布纹板瓦和筒瓦残片,其中有上面刻着"千秋万岁"的瓦当,同时出土了大量的糜子壳及马、牛动物标本。朝鲁库伦古城地处光禄塞南线长城的最西端，遗迹和遗物十分丰富，据文献记载，或许可能就是汉宿虏城故址，但目前尚待确定。

青库伦古城

青库伦古城位于乌拉特后旗潮格温都尔镇西尼乌素嘎查汉外长城南。青库伦，蒙汉语合称，古城之谓。古城平面呈方形，墙体由黄土掺杂少量沙粒混合夯筑而成。城墙四角设有角台，城址东墙中部开设城门，城门外加筑马蹄形瓮城。古城城内四角内侧及南、北、西三墙中部内侧有蹬城踏道，古城中央偏北的北墙内侧有台基和房址，城内发现汉代和西夏时期的陶片。

乌兰库伦古城

乌兰库伦古城位于乌拉特后旗潮格温都尔镇西尼乌素嘎查汉外长城南，西北距西尼乌素嘎查15千米。乌兰库伦，蒙古语，意"红色之城"。古城平面呈方形，西北侧有个比较宽的河床。墙体土石混合夯筑而成，城墙四角设有角台，夯层均匀。城门外筑有马蹄形瓮城，瓮城南墙设门。城门内侧及南、北、西三墙中部内侧有蹬城踏道。城内发现汉代石磨、釉陶片和西夏时期的瓷片。

呼鲁斯东城

呼鲁斯东城位于乌拉特后旗潮格温都尔镇巴音努如嘎查，汉外长城南线东南方。呼鲁斯，蒙古语，意为"长芦苇的地方"。城址呈方形，墙体黄土夯筑，含有砂石。南墙中部开设城门，城门外加筑马蹄形瓮城。古城东、西、北三墙中部内侧有蹬城踏道，城内中央有突起的建筑遗迹，古城四周有护城壕，城内发现零星的西夏时期的黑釉缸陶残片、碗底残片等。

哈那古城

哈那古城位于乌拉特后旗巴音前达门苏木阿布日勒图嘎查。古城为方形，墙体由黄土夯筑，夯层清楚。据当地牧民说，十年前北墙高度和宽度均在3米以上，后经风蚀，部分墙体已消失。古城四角有角台。南墙中部设城门，城门外筑有马蹄形瓮城，瓮城门址情况不清。城内发现汉代红陶片、西夏时期的黑釉陶片。根据现存墙体夯筑情况来看，该城墙体有加筑痕迹，在城址西北方向山头上建有烽火台，由此推断此城可能为汉代所筑，西夏时期加筑沿用。

海力素太古城城障遗址

海力素太古城城障遗址位于乌拉特后旗巴音前达门苏木哈拉图嘎查。海力素太，蒙古语，意为"有榆树的地方"。该城障四周为起伏的山间丘陵，西北侧为河道。古城规模较小，平面为方形，四角略呈圆弧状。城墙两侧以自然砂岩垒砌，中间填充砂石。从古城的规模和构筑方式来看，应是汉代城障。

上述古城址，除朝鲁库伦古城保存较好并经过考古发掘，海力素太古城城障遗址从形制规模可以确认为汉代城址外，其余四座古城址的年代认定仅仅是地表调查后的基本推测，最后的年代与性质的确认还有赖将来更深入的田野考古工作。此外，上述古城址除哈那古城和海力素太古城城障遗址位于乌拉特后旗与乌拉特中旗交界处外，其余古城址均位于塞外列城南线长城的西端。因此，这几座古城是否就是《汉书·地理志》记载的"光禄塞"上的城池，还有待研究。但是，光禄塞在西汉时起到了十分重要的防御作用，曾有效遏止了匈奴的南侵，保卫了汉朝北部边郡的安宁，它在历史上发挥的重大作用是有目共睹的。

获各琦青铜冶炼遗址
——戈壁深处的辉光

获各琦青铜冶炼遗址位于乌拉特后旗获各琦苏木西南，面积约2平方千米。获各琦，蒙古语，意为"长绿毛的地方"，意即山体和地表因有铜矿而呈现出绿色。该处铜矿从20世纪以来一直都在进行机械化开采，在新开采的矿坑中，曾经发现旧的采矿点多处和遗留的亚腰

形采矿石锤。20世纪90年代，在该遗址又发现一处直径5米、深2米的古矿井，遗有石锤和兽骨等。文物部门曾经征集部分实体标本。

获各琦青铜冶炼遗址位于一个平缓的山坡下方，旁边是一条宽阔的小河，河中尚有涓涓细流。1994年，内蒙古文物考古研究所等单位对发现的三个炼炉进行了发掘。炼炉平面圆形，直筒状。小的一座直径1米左右，周壁和炉表用土坯垒砌；较大的炼炉周壁抹有三层黏土，已烧成流体状。在炼炉中腰有鼓风口，底部有木炭与灰烬。炼炉的周围还堆积着已经粉碎的小颗粒矿石和石白。

该遗址的年代大约从青铜时代晚期至秦汉时期，发掘的炼炉遗迹也可能会晚到西夏时期。该处青铜冶炼遗址已被列为内蒙古重点文物保护单位。

阴山岩画
——镌刻在岩石上的文明史

阴山山脉是我国内流区与外流区的分水岭之一。长期以来，它既是历代北方各民族戎马争战的广阔战场，也是游牧地区与中原地区的经济交汇地带。

阴山南北的草原地带，自古以来就是我国历史上北方民族活动的大舞台。

阴山岩画

《史记·五帝本纪》中记载，黄帝曾"北逐荤粥"。黄帝是中国原始氏族社会时期的传说人物，生活在距今五六千年的时代。这反映了北方游牧民族在遥远的远古时代就与中原各族接触的事实。

夏代，荤粥与夏族为邻，并有密切的交往。

殷商时期的鬼方是商王朝的强敌，殷王武丁曾征战鬼方三年，才将其打败。

西周时，猃狁活跃起来。据文献记载，猃狁经常对周朝进行骚扰，给内地人民带来许多灾难和痛苦。前8世纪，周宣王多次出兵抵御猃狁的进攻，并在朔方建设城堡。

从新石器时代晚期到战国早期近3000年的历史进程中，北方地区也经历了从温暖湿润期向寒冷干燥期的转变过程。阴山岩画就是远古先民的社会生活、审美意识等的生动写照，凝聚着他们的生命意识和对生活的追求。

岩画是绘画或凿刻于山岩上的图画及符号。从远古的狩猎时代到现代的原始部落，都有岩画的创作。

这些岩画内容丰富多彩，诸如各种动物、狩猎、放牧、转场、舞蹈、手印、蹄印、符号、小凹穴、穹庐毡帐、日月星辰、巫师、人面像、征战、拜日、车辆等，展示了畜牧经济的发展和狩猎生产的场景。从多数岩画的内容看，这些岩画应当是狩猎时期的作品，它们反映了狩猎社会的社会发展情况，远古先民的心态和审美观。

狩猎时期是人类发展史上出现最早、延续时间最长的历史阶段。

在这个时期，人类度过了襁褓岁月和童年时代，从事狩猎和采集的远古居民在与严酷的大自然进行的长期搏斗中，创造出了光辉灿烂的狩猎文化，使人类历史迎来了文明的曙光。

由于阴山山脉特殊的自然环境和历史背景，狩猎文化在这里发生早、延续时间长、发展水平高，在我国北方山地草原文化中具有代表性。阴山西段狼山地区的岩画动物有狐狸、狼、虎、豹、黑熊、家犬、野马、野驴、家马、岩羊、盘羊、北山羊、羚羊、藏羚、黄羊、绵羊、梅花鹿、马鹿、麋鹿、驼鹿、驯鹿、狍、白唇鹿、大角鹿、野牛、家牛、牦牛、羚牛、双峰驼、单峰驼、野猪、野兔、跳鼠、蛇、蜥蜴、龟、鸵鸟、鹰、海螺等。从岩画动物的种类或数量看，狩猎对象占绝大多数。

见于阴山岩画中的狩猎对象，在内蒙古中南部夏商至春秋战国阶段的考古发现中也得到了证实。夏商阶段的朱开沟遗址出土了大量的野生和家养的动物骨骼，春秋战国阶段的桃红巴拉、毛庆沟和崞县窑子墓地也出土了用于随葬的马鹿、山羊、狍子、马、牛、羊、猪、狗等动物的骨骼。这些动物骨骼与阴山动物岩画有着密切的关系。此外，鄂尔多斯式青铜器极具代表性的"野兽风"风格以及出土的青铜饰牌和器具中广泛表现的动物形象特征，与阴山岩画中表现的动物形象有着较大的一致性，这表明阴山岩画中这一类题材的岩画应当是由商周以来直至匈奴民族产生阶段的北方游猎牧民创作的。

北魏郦道元《水经注》载："河水自临河县东经阴山南，东流经石迹阜西。是阜破石之文，悉有鹿马之迹，故纳斯称焉。"这说明郦道元考察黄河时曾来过河套的阴山脚下，他在黄河北岸一个名叫"石迹阜"的地方看到的"鹿马之迹"，就是刻画在山岩高阜之处的岩画。

阴山先民以其让人叹为观止的创造力，为我们留下了绘刻在岩壁上的丰富多彩的历史画卷，使我们可以透过这些丰富的图像，追溯那段对中华民族多元一体格局的形成产生过重要影响的鲜为人知的历史。

乌拉特后旗的宝尔汗山岩画、滴水沟岩画和巴日沟岩画均属内蒙古三大岩画群之首的阴山岩画群（另外两处是乌兰察布岩画群和巴丹吉林岩画群），不但数量众多，而且内容丰富。

宝尔汗山岩画

宝尔汗山岩画位于距离潮格温

都尔镇南2千米处的宝尔汗山。岩画分布区的西南为高峻的阴山山脉之乌拉山，山的北坡积雪可见，近处是低缓的山地，东面则是平坦的沙地。岩画均凿刻在赭红色山体的岩石上面，属山地岩画，因岩面平整，画面一般较大。

滴水沟岩画

滴水沟位于距离巴音宝力格镇东北500米处的乌拉山北坡，沟为东北—西南走向。滴水沟沟口宽阔，沟内山岩高耸，沟内一处断崖上有一处水流冲击形成的水坑，故名滴水沟。滴水沟地势较陡，多风化的红色砂岩，岩画即凿刻于沟上方两侧的暗红色岩石上，绝大部分分布在向阳面，共发现9幅岩画。其中一幅岩画左下方的人面像的头发画在了另外一组内容为三匹马中的最靠上、最小的马的图像之上，这说明人面像凿刻得较晚，马群的画像是由更早的先民凿刻的，这在岩画的整体布局中亦有表现。人面像分别位于马群的右上角和左下角，马群图像虽小，但占据该块岩石的中心，这也说明马群的刻画年代较早。

巴日沟岩画

巴日沟岩画中最著名的当数《群虎图》，又称《五虎图》，据考证，为青铜时代作品。该图由五只老虎构成，高1.26米，宽3.45米，构图完整，造型优美，不仅是阴山岩画的代表作，在世界上也是罕见的珍品。

达巴图古城遗址
——历经沧桑的军事关隘

阴山山脉与乌拉特后旗有着割舍不断的历史渊源。从乌拉特后旗政府所在地巴音宝力格镇沿阴山西行45千米，便来到了达巴图古城遗址。达巴图古城是前300年赵武灵王在西北长城上修筑的第一个军事要塞，也是历代屯戍重兵的军事关隘。《史记·秦始皇本纪》载："（秦始皇）三十三年……又使蒙恬渡河取高阙、山、北假中，筑亭障以逐戎人。"《汉书·武帝纪》载，汉武帝元朔二年（前127年），"遣将军卫青、李息出云中，至高阙"。研考史籍，凡历代史志在论述疆域沿革时，几乎都要提及达巴图古城。由此可知，这里曾经上演了多少惊天地、泣鬼神的历史大剧。如今，达巴图古城依然顽强地屹立在阴山之上，今人登上残垣断壁后，不禁被我们的祖先在城池布局上的先进理念所折服，还恍惚会感受到昔日的刀光剑影，为那逝去的时光嗟叹或惆怅。

达巴图古城遗址位于乌拉特后旗呼和温都尔镇那仁乌布尔嘎查北侧，夹在达巴图沟和查干沟的台地

达巴图古城遗址

断崖之上。地表现存古城由南北两个小城组成：北城略呈方形，墙体用较大的鹅卵石垒砌而成，墙体内部填充小石块和砂子等，城内东北角贴东墙临沟处建有登城的台阶状踏道；南城为长方形，其北墙正是北城的南墙并向东延筑，考古人员曾在城内四周及中间发现了石砌的房址等遗迹，还有汉代的铁斧、铁甲片和箭头等遗物。两个小城的修建风格明显不同，因此它们并非同时代建筑。

分布范围较大，附近发现了少量夹砂灰陶片，有绳纹、网格纹等纹饰的灰陶片。位于古城和烽火台西面的扼查干沟两侧，有两座对称高耸的暗红色山峰，山峰十分高大，形似双阙，达巴图古城由此得名。

走进达巴图古城，走进阴山，走进2000年前的历史核心，走进一段大汉远征军抗衡匈奴的时光。在这里，那一块块任由岁月淘洗和风雨侵蚀的石块堆砌起一段雄浑的历史，依稀散发着那些未能归还家乡的汉军将士的温热，他们以青春和忠诚焐热了这片被朔风吹凉的土地。

塞外列城
——不具备军事防御功能的长城

前206年，西汉王朝建立。当时，匈奴乘秦末农民起义的混乱局面，夺回了此前秦军占领的阴山及其以南地区，并渡过黄河，占据了鄂尔多斯高原大部。在冒顿单于时期，匈奴征服了许多邻族，先后破灭东胡，击走月氏，南并楼烦、白羊河南王，北服丁零各族，后又消灭楼兰、乌孙、乌羯及其周邻各族。控地东到辽河，西至葱岭，北抵贝加尔湖，南达长城，建立了一个以漠北为中心的庞大奴隶制政权。西汉初年，冒顿单于建立的世袭奴隶制政权雄踞蒙古高原，向南

在城址北墙及西墙外的缓坡上，有一段东北—西南走向的石墙环绕，虽遭毁损但依然隐约可见。墙体是用不规则石片垒砌，中部填以砂石，经辨认是一座坍塌的烽火台遗址。此烽火台略呈方形，石块

的势力曾一度达到朝那、肤施。匈奴单于庭设在头曼城，约在今乌拉特草原境内的狼山以北地区，其统治地区分左、中、右三部。左部由左贤王统领，领地包括今巴彦淖尔市、鄂尔多斯市、乌海市及其以西地区。

西汉初年，匈奴成为汉王朝最大的威胁，曾屡次南下寇边。为了抵抗北方匈奴的侵扰，汉高帝七年（前200年），刘邦亲率30万大军迎击匈奴，在平城白登山被匈奴围困达七日之久，后陈平"密计"以重金贿赂匈奴单于的阏氏，才得以脱困。白登之围后，刘邦便采用娄敬的建议，对匈奴采取和亲政策。直至元光二年（前133年），汉朝开始对匈奴进行反击。汉武帝派马邑人

汉外长城遗址

聂壹，诱匈奴单于取马邑，又命李广、韩安国等率兵30余万埋伏于城外，伺机出击，但被匈奴识破，引兵而去。元狩四年（前119年）的漠北之战中，汉武帝大败匈奴，迫使匈奴退至漠北草原。汉朝自此在东面夺取了匈奴左地，西面拆散了匈奴与月氏的联盟，在河西走廊设置郡县。此后匈奴左部迁到余吾水，直对汉云中；右部迁到蒲类海，直对汉酒泉、敦煌。单于的主力直对河套地区的五原至鸡鹿塞一线。

汉王朝自北击匈奴起，便在阴山、燕山南麓兴筑长城，作为防御匈奴南下的屏障。太初三年（前102年），汉武帝"遣光禄勋徐自为筑五原塞外列城"，此长城有南北两条，均通过乌拉特后旗境内。两条长城东西延伸，南北并行，均东起今武川县境内。其中，南线长城终止于乌拉特后旗潮格温都尔镇的沙日扎嘎查，在旗境内全长130千米，史学界称为"汉内长城"；北线长城则继续穿越今蒙古国境内，再折向西南，与额济纳旗居延塞峰燧线相接，在乌拉特后旗境内长72千米，史学界称为"汉外长城"。这两条长城随山势而建，就地取材，多用土夯版筑的方式建造，个别地段则以片石垒砌而成。经过2000多年的风雨剥蚀，长城的高度多在1米

左右，保留较好的石砌城段高及数米不等，城基一般宽4～8米，有的地段今已成为车道。

沿两条汉长城前行，会看到多处古城障遗址。这些古城障遗址一般占地400～600平方米，呈正方形，坐落在长城南侧，墙体均以片石垒砌而成，城内清晰可见房屋基础的痕迹，人们偶尔可拾得青铜箭头和五铢钱，这是守城汉军屯驻之所。此外，在靠近长城两侧的山坡略高处，有多处开采石材的采石场，采石场内堆积的片石与长城上的叠砌片石完全一样，可见它就是当年修筑长城时开采石料的采石场。

就目前考古调查的发现，结合文献资料分析，位于阴山以北的这两条汉外长城及其附属亭障是汉代文献所载汉武帝时命徐自为所筑的"塞外列城"。但这两条长城构筑的规模都不足以作为一道屏障阻挡匈奴骑兵，特别是北线长城的宽度和高度似乎不像是一个完工的军事建筑，倒像是在统一标准的要求下完成的"第一期工程"，并没有做后续的建造，因此可以推断：汉武帝以来，原本期望在秦始皇长城以北修筑"塞外列城"，将匈奴阻隔于阴山以北的戈壁之上，但是，此地乃无草缺水的荒凉之地，又因材料匮乏，再加此地远离粮食产区，

粮米供应自然十分困难，故而就地取材，修筑了两条低矮的墙体，基本上没有真正起到军事防御的作用。因此，这两条长城应当是没有完工即已放弃的军事工程。在阴山北坡秦长城内侧，考古人员曾经发现了汉代烽火台和居住址，以及汉代的铁甲片和箭头，这说明汉代最终还是把对匈奴的防线后撤，放在了更为理想的秦长城。

　　当然，这个结论也仅仅是后人的一种推测，在当时的历史背景下，谁能说这两条长城不是汉匈相争的战场？所以，尽管我们今天已看不到身披坚甲的勇士们严阵以待的战阵，也听不到金戈铁马的古战场上振聋发聩的厮杀声，但当那猎猎西风无所顾忌地吹过荒凉戈壁时，抚墙追思，脑海中仍会闪现出烽火狼烟的历史画卷，那是一种苍凉的美、泣血的美、震撼的美。

阿拉腾浩日格山平顶景观
——悬在空中的草原

　　阿拉腾浩日格山平顶景观位于巴音宝力格镇浩日格嘎查境内，海拔2000多米，东西长约8～9千米，南北宽约6～7千米，山势高峻，奇石嶙峋，原始的山顶草原上绿草如茵。传说，此处是七仙女每年来人间戏耍时梳妆打扮的地方，因怕凡人偷窥，就选在了高高的山顶上，

这里才会水草丰美。现在，许多年轻人特意来到这里谈恋爱，取意为

阿拉腾浩日格山平顶景观

在仙境中寻觅到心上人。据当地人　特后旗后山羊肉中最鲜美的，每年
讲，阿拉腾浩日格山的羊肉是乌拉　农历五月十三都要在这里举办敖包

空中草原

祭祀活动。

毕力其尔石林
——罕见的塞外灵石

毕力其尔石林是介于石林与石蛋之间的石林。这里的石头造型怪异、惟妙惟肖，星罗棋布的石柱、石蛋、石排、石穴犹如一处处星空部落，像远古城堡、像金蝉出壳、像飞鲸、像五指峰，个个栩栩如生，壮美动人。灵动的岩石平地突起，沧桑峥嵘，似万千神骏驰骋，直奔眼底，被誉为"塞外灵石"。

毕力其尔是蒙古语，意为"交叉路"。因这处石林至今还没有正

毕力其尔石林

式命名，人们便习惯性地这么称呼。石林南北长5千米，东西宽4千米，占地20平方千米。据专家考证，石林为2.5亿年前海西晚期的侵入岩，岩体露出地表后，经风化侵蚀作用形成了石林奇观。说这里的石林怪，原因有三：一是酷似海边礁石，或陡峭如刃，或光滑如盘，看上去就是久历水浸而生的石块。二是平地突起，错落有致，高处巍峨壮观、犹如城堡，低处排布紧密、间隔均匀。三是造型优美，似人似物，任你从不同角度仰视或俯视，总能看到一个你看像什么就是什么的形体，让人不禁赞叹，给人以无限的遐想。

近年来考古人员经过多次论证，已初步断定此处石林为海底作品。今人看来，她的身世已经不太重要，如有机会，去身临其境地观赏美轮美奂的奇石景观才是一件十分惬意的事。

豹子沟中流传千古的忠烈故事

豹子沟谷中巨石嶙峋，因巨大的山头酷似豹子而得名。相传亿万年前，这里水草丰美，森林茂盛，是众多野生动物的乐园，其中豹子尤为强悍，占据了方圆几百平方千米领地。豹子家族的兴盛，惹怒了其他野兽，它们一纸诉状将豹子告上天庭，玉皇大帝没有把事情调查清楚就降旨下来，勒令豹群离开，

豹子沟

永远不许踏入这里。圣旨难违，豹群开始陆续迁徙，唯有豹王至死不肯离开半步，寿终正寝后化作了如今的豹子山，日夜俯视脚下的这片土地。玉皇大帝感其忠烈，恩准此处保留原貌，故如今绵延三四千米的豹子沟依旧清泉细流，水声潺潺，山榆恣意地生长在两侧的山坡上，景色美不胜收。

阴山主峰
——雄浑壮阔的象征

阴山是中国北部东西向山脉和重要地理分界线，属古老断块山，西起狼山，中为大青山、灰腾梁山，南为凉城山、桦山，东为大马群山。狼山山脉位于乌拉特后旗境内，其中，阴山主峰在乌拉特后旗境内的毕立盖庙沟，位于巴音宝力格镇西8千米处，海拔2463米，沟里

四季溪水长流，两侧山石险峻，形成三道天然石门。徒步穿过石门，惊险迭出。沟里有一块形似长剑的石头——剑石，剑锋直指云霄。

梭梭林
——蒙古野驴的乐园

乌拉特后旗与蒙古国接壤的边境一带，成片的梭梭林是戈壁滩上的奇迹，穿梭于其中的蒙古野驴是生活在那里的精灵。位于乌拉特后旗、乌拉特中旗北部的梭梭林成片区，南北纵横22千米，总面积1320平方千米。2001年，蒙古野驴自然保护区成立，主要保护对象为蒙古野驴、鹅喉羚、北山羊、黄羊、盘羊、梭梭林、肉苁蓉等珍稀野生动植物。

蒙古野驴自然保护区是我国梭梭林天然分布的最东缘，也是我国

梭梭林

现存一级保护动物蒙古野驴、北山羊，二级保护动物鹅喉羚、盘羊等分布的最北、最东界。保护区内梭梭林面积约130平方千米。

玛瑙湖
——戈壁滩上的天池

从巴音满都呼恐龙化石保护区西行150多千米，就可以看到驼峰岭，驼峰岭其实是火山喷发口，是玛瑙湖最明显的标志。湖水早已干涸，各种奇石露出地面，春秋季节常见黑风四起、飞沙走石，有时就会出现海市蜃楼，时隐时现，变化万千。20世纪80年代有这样一个有趣的故事。当时美国卫星遥感影像发现内蒙古自治区西北部有一块地方光谱反射异常，以为这里在建核试验基地。美国驻华大使照会中国外交部让说明情况，中方派人查访得知，原来是玛瑙湖雨后晴朗无云，各种奇石被雨水洗刷得干干净净，太阳照射后反光，卫星拍摄到了与周围环境反差较大的地表。

由于相关部门至今未做地质详勘，现在还不能完全确认玛瑙湖的形成历史。但从周边发现的恐龙化石及树化石推断，初步可以认定这里远古时期应该是一片水泽之地，距今大约1亿至8000万年前火山爆发，湖泊消失了。喷射出的岩浆冷

"小鸡出壳"

玛瑙湖风景图

却后，经过地壳运动、风化沙磨，形成了质地坚硬、形态万千、色彩斑斓、造型独特的戈壁奇石，这也是乌拉特后旗2015年被评为"中国戈壁石之乡"的主要依据。如今，玛瑙湖早已变成了小"盆地"，但人们还是亲切地称之为湖，因为这里的宝石不计其数，其中名扬国内外的"小鸡出壳""聚宝盆"已分别被北京市博物馆和巴彦淖尔市地质博物馆收藏，玛瑙湖被收录在《中国未解之谜》中。

匈奴城
——沧桑的历史记忆

大漠匈奴风，阳山蒙古神；望顶达巴图古城，狼烟已无痕。让我

匈奴城

们一起追寻匈奴帝国的传奇。

匈奴是历史上一个强悍的民族，匈奴帝国曾经占据今天内蒙古中西部地区，与燕、赵、秦三国相邻。匈奴人的文化历史、生活习俗、发展和消亡历程，史书上很少记载，割舍不断的匈奴情结激励着乌拉特后旗人，要建一座尽可能还

原原貌的"匈奴城"，向世人展现这段尘封的历史。如今，与达巴图古城相邻的匈奴城已正式对外开放，偌大的匈奴城景区内设有草原迎宾大道、游客接待区、餐饮住宿区、匈奴古战场模拟区、单于大帐、敖包区、那达慕会场、射箭场、自驾露营区、休闲观光区，是集游览、餐饮住宿、休闲度假、自驾游营地等为一体的生态文化旅游之地、游牧文化体验之地。置身于这座占地4平方千米、清一色的石头建筑群中，你可以尽情领略匈奴部落、古战场、骑马射箭的风采，圆你一个当一天匈奴人的梦想。你还可以攀登背后的高山，俯视边关要塞，远眺河套大地，感受历史的沧桑。

潮格温都尔敖包

潮格温都尔敖包坐落于潮格温都尔镇潮格温都尔山，是内蒙古自治区的知名敖包。

12座敖包成弓形，敖包上雕刻着以占星术陈列的十二生肖图，象征岁岁年年幸福平安；敖包弓形排开81米，装入99个净瓶，九九八十一是蒙古族最吉祥的数字。潮格温都尔山神立于12座敖包中间，神像下放入象征乌拉特三部的3个净瓶，敖包基底到敖包桅杆顶为6.6米，敖包顶部日、月、火的

神圣的潮格温都尔山

潮格温都尔敖包

吉祥物象征着飞黄腾达。每座敖包有三层，由三石祭祀，前置三鼎香炉，象征着蒙古族自古以来的火灶三鼎石，代表着乌拉特三部。"3"与"6.6"组成366天，意寓乌拉特部从呼伦贝尔西迁至敖包建成之时已有366年的时间。

12座敖包建于21米的圆形平台正前方，雕刻着五畜之福的祭祀台上有8个祭祀盘，"8"与"5"相加象征13座敖包。

来到乌拉特草原一定要体验祭祀敖包，祭拜潮格温都尔山神，听潮格温都尔海日罕传说，祈求天地带给人们平安和幸福。2015年，潮格温都尔敖包已被命名为旗敖包，每年前来祭祀的人络绎不绝。乌拉特后旗常在这里举办草原那达慕，置身于欢乐的海洋，你犹如听到了酣畅奔放的大漠交响曲，看到了戈壁草原的七色彩虹。

民间故事　源远流长

HUASHUONEIMENGGUwulatehouqi

民间故事　源远流长

MINJIANGUSHIYUANYUANLIUCHANG

在乌拉特后旗流传着许多美丽的传说和神话故事，这些传说优美动人，寄托了人们对美好生活的向往和对幸福未来的追求。

吉祥的潮格温都尔

很早很早以前，乌拉特部落发生分裂，相互横眉冷对，刀枪相见，百姓灾难深重。在这水深火热之时，有一位英雄以其超人的智慧、非凡的勇气，上刀山，穿火海，斗凶顽，惩恶霸，统一了部落，牧人重新过上了安居乐业的生活。草原人民为了给这位英雄寻找一个安居之所，找呀找，走呀走，走到潮格温都尔，发现这里草原辽阔、百草丰茂。请占卜家一算，此处确实是常降甘霖、万物生长的风水宝地，英雄长居此地，必将给草

潮格温都尔山

195

原带来吉祥。

潮格温都尔山西北有扎嘎拉山，成吉思汗的两匹黄膘骏马曾在此处休息，西边百花盛开，水草丰美的草场被誉为"砚台"，再向西延伸是毕其格图塔拉（文人学者的甸子），西北侧的脑音乌拉山高高矗立在乌力吉平原上。人们说脑音乌拉山后来成了那位英雄的神灵之所，莫林河畔的塔本塔海拉山也是那位英雄的五位忠实伙伴的陵墓，从古至今，当地人年年来这两座山祭奠。

在潮格温都尔山西南那仁乌拉嘎查北侧的阿拉腾浩日格嘎查有一座山峰，叫作宝日汗哈达（佛峰）。传说，这里有一位爱惹是生非的神，违反了规矩被惩罚了，因此，宝日汗哈达的形状好像跪拜受审一样。那位英雄准备定居潮格温都尔时，从阿拉腾浩日格山里跑出一只团羊，被惹是生非的神看见了，他便拔出神箭射向阿拉腾浩日格山的顶部，这座方方正正的大山从中间裂开了，被分成两半。那位英雄离开了潮格温都尔，再也没有回来，死后葬在了脑音乌拉山，但他把吉祥永远留在了潮格温都尔。

乌拉特后旗地域辽阔，这里虽然没有名山大川，但许多地名是有来历和传说的，而且都与一代圣主成吉思汗有关系。潮格温都尔镇的

地名、山名、河流名有着这样的来历和传说。

宝日布的传说

乌拉特后旗潮格温都尔镇宝日布嘎查山峦平缓，丘陵连绵。这里虽然没有高峻的山峰、茂密的树木和淙淙的泉水，但每到夏季这里成了最美的草原花海，阳光柔和地照到艳丽多彩的草地上，布谷鸟婉转地歌唱，蝉虫欢乐地鸣叫，清新的空气里弥漫着夏天的气息。连片的芳草给大地披上一层薄薄的白霜，闪烁发光。羊群像倒映的白云浮动在青青的草地上，马儿星罗棋布点缀其中。多少年来，欢腾的草原美景激荡着牧民的心。

宝日布不只是景色优美，关于它的种种传说更是让它披上了神圣而神秘的薄纱，让人魂牵梦萦。

有人说，蒙古民族的圣祖成吉思汗经过多年的征战，十分想念自己的家乡，决定回銮休整。大军来到宝日布，大汗发现这里山势不高，可隐兵驻扎。这里丘陵平缓，花艳草丰，河水充沛，真是大军休养、战马抓膘的好地方，于是下令在此驻扎。

成吉思汗有两匹心爱的黄骠战马，其中一匹马后跟有一撮灰色杂毛，跟随大汗东讨西征，立下赫赫战功。大汗发现已经年老体衰的

神马对此地非常依恋，就给它授予"斯特尔"（表示从此不得宰杀和役用），放归这里。

黄骠神驹死后，就葬在宝日布的山中，这里的蒙古民族一直保留着祭祀成吉思汗黄骠神驹的习俗，所以"宝日布"这个地名是根据那匹脚踝处有一撮灰色杂毛的黄骠马而起的，蒙古语"宝日布"指的就是"脚踝"（马后跟）。

也有人说，成吉思汗在此处养兵休卒期间，一匹多年不下马驹的骒马突然产下两个白色马驹。大畜产两驹历来是草原上罕见的大喜事，大汗欣喜万分，为此地赐名为"宝日布"，喻义此地多产战马神驹。后人为纪念此事专门建了扎格拉敖包，祈祝此地常留圣主福气，多产强壮漂亮的骏马。

还有人说，宝日布是康熙皇帝起的名字。康熙大帝平定噶尔丹叛乱后，一直对蒙古族心存戒备，为增加对蒙古族的了解，在每次巡边出游时，他经常深入蒙地微服私访。在访察中他发现每个蒙古包的哈那上挂着一个羊皮袋子，不知道这个羊皮袋子是干什么用的。

一次，他西巡来到大西北，銮驾驻跸后，康熙皇帝骑着一头小毛驴，化装成一位老人深入牧民家中了解民情。西北的草原辽阔无际，

人烟稀少，他走了一天都没有看到一户人家，眼看就要日近黄昏，他饥渴难耐，就根据每个地平线的高处是否有敖包来判断是否有人家，果然在一个敖包下传来了狗的叫声。牧民捧上手抓肉，倒出了皮袋中的马奶酒，热情地招待他。酒足饭饱后，康熙皇帝问："这个皮袋叫什么？""宝日布。"牧民答道。从此，"宝日布"这个地名流传开来。

希日嘎梁的传说

希日嘎梁位于潮格温都尔镇哈日朝鲁嘎查西北，是一道西北—东南走向的山梁。虽然说"火烧山坡，水流下坡"，但希日嘎梁南北两条河向南北两个方向流淌。

过去，这里草木旺盛，河水清澈，空气清新，四季分明。据说，成吉思汗征战路过此地时，在这里安营扎寨，养兵多日，并把他的夫人和子女们的33匹希日嘎（黄膘色）战马放在这里养膘。这33匹战马好像回到故乡一样欢蹦乱跳，个个膘肥体壮。后来，人们称这道梁为"希日嘎梁"。

呼雅嘎、都拉嘎的传说

呼雅嘎、都拉嘎是潮格温都尔山西北的两个黑色石头山包。听说这里有一个很出名的铁匠，成吉思汗慕名而来，让他给神勇的蒙古

将士打造战甲和战盔。因此，人们把这两个山包叫作"呼雅嘎"（战甲）和"都拉嘎"（战盔）。

从远处看，这两个山包被石头覆盖，还真有点儿像盔甲上的鳞片。

查布其尔河的传说

查布其尔河曾经水流潺潺，一直流到奎素，与乌盖河汇合，流入山前套内。从前，查布其尔河发源处并没有水，只是一些湿漉漉的沙土。成吉思汗在此驻马休兵时，马儿为寻找水源，就用双蹄去刨，结果刨出了水源，形成了一条涓涓流淌的河。人们就把此河叫作"查布其尔河"。

20世纪50年代，河流的上游还是草木丛生，两岸的芨芨高大茂密，两个骑骆驼的人在芨芨草丛里同行，相差十几米就只闻其声、不见其影了。

"金门"名字的由来

乌拉特后旗乌盖苏木有一个阿拉腾哈拉嘎查，"阿拉腾哈拉格"是蒙古语，意为"金门"。"金门"名字的由来也与成吉思汗有关。

传说，成吉思汗远征唐古特(西夏)时，正赶上雨季，暂歇此地。这里松柏葱郁，百鸟齐飞，流水潺潺，景色迷人。但成吉思汗想继续前进，心里很着急。

过了雨季，成吉思汗命令大军前进，但先头部队回来汇报说："前边横着两座大山，阻挡了道路，无法前进。"成吉思汗很吃惊，他回忆起自己已故的两匹扎嘎拉(黄膘马)，心想："可能是我的两匹黄膘马的灵魂想让我在这里多歇几日吧！"于是命令撤军50里，把中军统帅部安扎在高处，直到入冬。

一天，成吉思汗睡觉时，梦见两匹黄膘马的马头变成了两座山，成了一座金门，梦醒后请军师解梦。军师说："果然是天意，圣祖的两匹黄膘马显灵了，我们可以行军了。"

部队临行时，成吉思汗手拿银碗向两座高山敬上鲜奶，说："这是一道金门啊！""金门"由此得名。

阿拉腾浩日格山的传说

阿拉腾浩日格山（金箱子）位于乌拉特后旗巴音宝力格镇浩日格嘎查，山峰险峻，云吞雾绕，气势磅礴。

传说，康熙皇帝北巡时，曾登临阿拉腾浩日格山游览，这里树木葱茏，百花娇艳，泉水喷涌，溪水潺潺，康熙皇帝非常陶醉，赞美此地"五灾不侵，四季如春"。从此，阿拉腾浩日格山美名远扬。

阿拉腾浩日格山附近还有庆格呼浩日格、小浩日格等山峰、山岭和阿拉腾高勒等溪水、河流，而且每个山峰、河流都有神奇、美丽的传说。

阿拉腾浩日格山

关于阿拉腾高勒的传说：阿拉腾高勒（金河）起源于阿拉腾浩日格山北查干达巴岭，九曲十八弯，绕过乌兰莎拉、达愣苏海等地流入河套。传说，康熙皇帝与皇后娘娘游玩此地时，曾在阿拉腾高勒河畔安营扎寨，皇后娘娘见河水清如瑶池，捧水清洗玉面玉手，不慎将手指上的金戒指掉进河水沙中。从此，后人就把这条河称为阿拉腾高勒。

关于汗布隆的传说：康熙皇帝登临阿拉腾浩日格山时，在查干达巴坡处见到一块比蒙古包略大、方方正正的大石头，视为奇石，遂下马安营，顶礼膜拜。从此，后人把这个石头叫作汗布隆牌楼碑石。

玛瑙湖传奇

在首届河套奇石博览会上，一块"小鸡出壳"的奇石被专家评估为价值1.3亿元，让人瞠目结舌、啧啧称奇。

这块价值不菲的奇石让乌拉特后旗巴音戈壁苏木境内的玛瑙湖一夜之间闻名大江南北。

其实，玛瑙湖早已闻名退迩，还上过中央电视台的《神州风采》栏目。这个晶莹剔透、活灵活现、破壳欲出的小生物并不是小鸡，而是一只美丽的小孔雀。

好多年前，莫林河畔长满了梧桐树，是孔雀栖息、繁衍的地方。奔布喇嘛因伐梧桐修补八面鼓，得罪了上苍，上苍让他手指化脓长疮。于是他恼羞成怒，发出恶咒，莫林河畔一连下了七七四十九天大雨，洪水冲走了梧桐树，孔雀失去了家园，只好把玛瑙湖作为临时巢穴以便繁衍后代。但未等小生命孵化出来，寒冷的冬季逼迫它们南迁。这些未孵化的鸟蛋经过多年的风吹雨打，就成了绚丽多彩的玛瑙石。

玛瑙湖在古代是专为帝王们提供玛瑙、宝石的"阿布德日"（柜子）。现在，当地蒙古语中还有"不能有烟熏过的石头，不能有羊拉下的粪坑"的谚语，意思是玛瑙湖周围百里不允许有人烟畜迹。

古代的乌拉特人也很少有人把石头带回家中。当人们发现奇形怪状好看的石头时，总是把它摆在拴马桩的桩上，或放在羊圈的栅栏和墙上。一是因为官府要求把石头摆放在显眼的地方，便于搜集，以免牧民私藏宝石。二是因为蒙古民族崇尚自然，骨子里刻着大自然的东西总要回归自然的理念，决不巧取豪夺。三是因为牧民过着逐水草而居的游牧生活，哪里的水草丰美，哪里就有他们的足迹，而携带石头对于游牧民族来说是一个累赘，不如把它留在原地，让大家共同分享自然界的馈赠。

玛瑙湖地处敖伦乌拉山下，乌拉山有名的山冈有图拉嘎、阿布德日，每个山冈都有它们的故事。"敖伦乌拉"的意思是"神灵聚会的宝地"，"图拉嘎"的意思是"神灵聚会时烹煮食物的锅灶"，"阿布德日"的意思是"存放神灵物品的柜子"。这些名字给玛瑙湖笼罩上了神秘的色彩。

传说，乌拉特部有个叫胡音岱的手艺人，把一个玲珑的小鞍子献给了公爷。这个小鞍子精致极了，鞍桥上镶着金玉玛瑙，就连脚蹬都缀着宝石。公爷叫来了他的小公主，小公主看见鞍子高兴得手舞足蹈，搂住公爷连连亲吻，并命令胡音岱趴下，把鞍子搭在胡音岱的脊背上。

胡音岱阴沉着脸说："公爷容禀，这个鞍子不是为了备在人身上而做的！"

公爷好容易止住笑："可这又怎么样？只要我的独生女儿高兴，她让你怎样，你就得怎样，你应该感到荣幸。"

胡音岱听了公爷的话，腾地站起身，高高举起小鞍子，对天喊道："老天爷，我遵从您的旨意，只会做牲畜备的鞍子，不会做备在人身的鞍子。"说罢，把鞍子往地上摔了个粉碎，吓得公主哇哇大哭。胡音岱因此被关进了大牢里。

乌拉特部落迁到这里后，也是他们苦难的开始。一些有名气的好工匠被选进王府皇宫，终身为他们打造珍玩，这就等于踏上了不归路。所以，乌拉特人不轻易显露自己的技艺，更不把这"害人害己"的手艺传给他人。

山与湖的传说

很久以前，有位名叫勃哈力的将军，他是成吉思汗的弟弟哈萨尔的第十五代后裔。他从家乡贝尔湖西征来到这片辽阔的乌拉特草原，扎下营帐歇息。

一个月光皎洁的夜晚，勃哈力军队的一员大将朝洛蒙骑着银灰色的马在原野上找水时遇到了一座石头敖包，他的坐骑突然停止不前，四蹄刨地昂首嘶鸣。朝洛蒙非常诧异，便下马倾听，闻有一妇女呜咽。他一脚踢翻石头敖包，下面有一个黑魆魆的洞穴。朝洛蒙跳进洞里，走了许久，前面突然出现了耀眼的光芒，他看见有位美丽的少女坐在那里哭泣，当朝洛蒙询问时，她叩着头哀求道："我是牧马人巴斯尔的女儿，恶毒的魔鬼莽古斯把我抢来了。它蹂躏我，求你救我一命吧！"朝洛蒙刚搀扶起姑娘就被莽古斯察觉了。莽古斯疯狂地扑过来与他搏斗，结果双方都负了重伤。危急时刻，姑娘帮朝洛蒙打莽古斯。莽古斯招架不住，撒腿就跑，逃出去后用大石头堵住了洞口。

翌日，小石头敖包长成一座巍峨的大山，从山顶上喷出清凉甘甜的泉水流入辽阔的草原，形成了查干诺尔湖。老人们说，自那以后，英雄的将军变成了巍峨的山，美丽的少女变成了清澈的湖水。

莫林河的传说

乌拉特后旗是一个具有传奇色彩的地方。在乌拉特后旗政府所在地巴音宝力格镇西北30多千米处，有一个河水潺潺、树木葱郁、赛似江南农庄的村子，这就是巴音温都尔苏木莫林嘎查。

莫林，全名原为"孟和木仁淖尔"，蒙古语，意为"永久的湖泊"。那么，浩渺的湖泊怎么变成了涓涓小河？这里有一个传说。

莫林湖，南对阿拉腾浩日格山峰，北靠森尼格沙漠，东有脑音乌拉山，西岸耸立五个大小相同的山包，名叫五包山。湖水深80丈，太阳光下，湖内波光荡漾，就像撒满了碎银，湖岸水草丰美，百花缤纷，仿佛铺就华美艳丽的地毯。湖边生长着无数的梧桐树，引来百鸟齐聚。近看鱼翔湖底，远看白云般的羊群在草地上飘动，可谓"落日共长天一色，百鸟与云霞齐飞"。

当时，莫林湖边游牧定居的人家成千上万，人们耕田放牧，这里一派人间胜地美景。蒙古族谚语："只要年景好，骆驼背上能长草。"诗人称之为"塞北的苏杭""草原的天堂"。

传说，唐僧取经路过此地不想离开，西夏王朝曾想在此建都，成吉思汗、窝阔台在这里征兵备耕，杨家十二寡妇在这里休兵买马。

湖西五个山包都是祭祀上天的敖包，相传是释迦牟尼所设。每月二十五日祭敖包，取五五二十五之意，祈盼五谷丰登，五畜兴旺。

有一个名叫奔布的喇嘛看中了这方宝地，从青海来到这里，借此地宝光灵气修身成佛。前文讲到的奔布喇嘛伐梧桐树的故事的原委是这样的。

奔布喇嘛有一面八面鼓，用于诵经打禅。一日，他觉得八面鼓年久破损，就采伐梧桐树根重新做了一面八面鼓，谁想惹怒了上天，奔布喇嘛手口生疮，打不成鼓，念不成经。推卦一算，知道是取用梧桐树之故，于是他恼羞成怒，深恨梧桐，念了七七四十九天降雨凶咒，引来七天七夜大雨滂沱，使得湖水暴涨，决口冲进森尼格沙漠，转了一千九百四十九个弯，向北流入蒙古国，形成了现在的色楞格河。

雨下了七天七夜，第八天云开雾散，莫林湖已成洼地，梧桐树全部烂死。因此，蒙古族有"扛得起三年旱，抵不住三天雨"的说法，说的就是这件事。

现在色楞格河水量充足，草木繁茂，而莫林河只有细细的流水，变成了干旱荒漠。

说来也怪，这场大雨过后，莫林湖没了水、少了树，却多了山蚂蚱草和沙和尚（沙蜥），蒙古国的色楞格河流域却没有山蚂蚱草和沙和尚。相传，一天，两地的王爷相见时，蒙古国哈拉哈王爷挖苦道："没有长流的水，没有参天的树，可怜的乌拉特公爷您过得怎样？"乌拉特公爷讪讪地说："羊吃不上咋蒙草，沙漠中没有沙和尚跑，哈拉哈王爷您也过得好吧！"

据说，奔布喇嘛乱采树根，又恶语诅咒，把一个天堂般的地方变成干旱的荒漠，自己也遭到了报应，成了沙和尚。从此，乌拉特人发誓："永远不祭五包山，永远不拜奔布喇嘛。"

萨日娜花的传说

传说，乌拉特东公旗有个叫色楞的王爷。他有个女儿，长得像鲜花一样美丽，色楞就给女儿取名为"萨日娜"。女儿长到18岁就与邻居贫苦牧人贡古尔扎布的儿子巴特尔真诚相爱，结下海誓山盟。

不久，这个消息传入色楞王爷的耳中，他大发雷霆，狠狠地打了女儿，但也没能奏效。于是，他就向巴特尔下了毒手，然后将女儿许配给了乌拉特中公旗王爷巴布亥的儿子杜布。在那个新月初上的夜晚，迎亲队就要来了，萨日娜溜出家门偷偷来到巴特尔遇害的山里失声痛哭，眼泪流成了小溪，哭到破晓时分，她投进了清澈的查干诺尔湖。自那以后，山野上开遍了红彤彤的萨日娜花，而且常常在新月初上时开放，花瓣上带着露珠，好似萨日娜脸上亮晶晶的泪滴。

灌肥肠的由来

传说，德力西有一次路过草原深处的一个浩特，又饥又渴，来到一户巴颜人家。巴颜欺负他是外乡人，就让他为自己杀羊。德力西心想杀了羊能混上一顿手扒肉也不错，就高兴地挽起袖子杀起羊来。杀完羊后，谁想主人连一句让话都没有，就把他送出了家门。德力西没办法，只好到井上灌了几口凉水，继续赶路。没走多远，德力西的身后就卷起尘土，响起马蹄声。巴颜带着几个牧工急匆匆追了上来，说是少了两块肉，一口咬定是德力西偷的。

德力西护住褡裢，对巴颜说："尊敬的巴颜老爷，长生天给了我们如此富饶的草原，困了，天可做被，地可当床。渴了，哪户人家的阿妈都会给你熬喷香的奶茶。饿了，哪个俊俏的媳妇都会给你做可口的饭菜。在这样天堂般的草原，人们怎么会去偷呢？"

巴颜道："人心难测，海水难量。你给我家杀完羊后，羊肉就少了两块。你这样不声不响就拿人家的东西，不是偷是什么？"

德力西明白巴颜纯属讹诈，有心治治巴颜，就故意下套说："我说我没有偷，您也不相信。在这荒野半道，也不是说理的地方，要不我们都到您家，您把全浩特的人叫来，让乡亲们评说评说。如果他们说我偷了，我的这匹快马就归您。如果他们说我没有偷，那么您就把刚杀的羊做成手扒肉请大家吃一顿，您看怎么样？"

巴颜心想，自己浩特的人不敢不听自己的话，这匹马看来是赢定了，就满口答应了德力西的提议。他让几个牧工去请乡亲时，用眼神传达出让牧民们识相点的意思，牧工自然心领神会。

牧民们虽然对巴颜平时的所作所为怨恨颇深，但慑于巴颜的淫威，都敢怒而不敢言。他们心想，今天这个小伙子可要吃亏了。

德力西却若无其事，谦让地要巴颜把两人打赌的经过告诉大家。巴颜诉说了一遍，又说了一通软中带硬的话。为了让大家与他保持一致，承诺这场"官司"输赢与否，他都要请大家吃手扒肉。

大家虽然同情德力西，但为了

在五黄六月能吃上一顿鲜羊肉，就督促德力西快点把褡裢里的东西拿出来让大家检查。

德力西无奈地对巴颜说："仁慈的巴颜老爷，既然您已答应不管输赢都要请大家享用一顿手扒肉，但不知包不包括我。"

"当然包括。"巴颜一脸得意，"可吃完了肉，你要记住，偷人家的东西是会受到惩罚的！"

德力西取下褡裢，大家一拥而上，差点没把褡裢撕成碎片，可就是没有找到巴颜所说的那两块羊肉。

"不对！"巴颜叫道，"我的羊肉分明少了两块，一定是他藏在了什么地方！"

"快说，藏在哪了？不然送你去官府，到那里可没你的好果子吃！"几个牧民威胁着手舞足蹈。

"啊呀呀！你们这里一定中了什么邪气，要不怎么都把人往坏处想。下次去五当召时我一定请个喇嘛给你们去去邪气。"德力西从容回答，"巴颜老爷，能不能告诉我，您到底丢了哪两块肉？"

"天棚肉(胸腔隔膜)和小肚子(羊胃)。"

"可爱的巴颜老爷，本来我们那里这两样肉是属于杀羊人的，可我不知道你们这里的规矩，就想照草原上的常理带走这两块肉。后来

一想，一个赶路人带上这个累赘有什么用，就没有拿走。"

"可……可是，这……这里并没有这块……块肉。"巴颜有点结巴了。

"您不觉得羊的肥肠变得粗大了吗？那是我把天棚肉和小肚子灌到肥肠里的缘故，这样肥肠就会更加鲜美好吃，您也一定会喜欢的。"德力西怕巴颜又会变卦，赶紧招呼大家："大家还不动手煮肉，让巴颜老爷尝尝我灌的肥肠的滋味！"

大家一听此言，立即行动起来烧火煮肉。

闻到锅里溢出的羊肉的香味，巴颜差点晕了过去。

德力西非常勇敢、机智，证明了自己的清白，从此，草原上也多了一道美味。

成吉思汗寻马记

洗劫了塔塔儿部，报了杀父大仇的铁木真，在克鲁伦河上游附近的扎伦淖尔营盘地举行了三天的那达慕，庆祝胜利。

赛马活动中，仿佛神马天降，一匹全身如雪的银白神骏冲入万马群中，进入铁木真的视线。铁木真欣喜若狂，不顾将士的拦阻，亲自捉住并降服了这匹上天所赐的神马。经草原第一相马师扎尔齐吉太

鉴定，此马为西域大宛马。军师耶律楚材考证是野马与家马交配所产，是千年难见的神马。

这匹神马在铁木真驰骋草原、纵横天下和统一蒙古大业中立下赫赫战功，可以说厥功至伟。

然而，铁木真统一蒙古后，被拥戴为成吉思汗之后不久，这匹神马和其他九匹年老体衰的战驹一起突然失踪了。蒙古族谚语说："好马是英雄的一半。"成吉思汗心急如焚，心中有各种不祥的预感：是否是自己杀伐太重，遭长生天报应？是否是内部出了奸细，将神马出卖给了敌人？是否是神畜们知道自己已风烛残年而去自寻归宿？（蒙古族谚语："好马好狗不在主人面前死。"）从不落泪的成吉思汗每日眼睛都是红红的。

派往孟和召（拉萨）卜卦的使者给成吉思汗带来这样的消息，在他曾经战斗过的石头有彩、水流有声的地方，神驹们在这里找到了自己的归宿地，正安详舒坦地生活着。

在成吉思汗的记忆中确实有这么一个地方，那就是阴山西段的那仁乌拉山北麓。成吉思汗只带领二弟哈萨尔，扮成寻马人的模样，朝着石头有彩、水流有声的地方，快马加鞭，日夜兼程地急驰。他要亲自去看看这些曾经与他出生入死的

神马，以了结心中的牵挂。

来到乌拉特后旗哈日朝鲁，成吉思汗纵马登高眺望，（哈日朝鲁西山梁的岩石上，现在还有成吉思汗远望时马踏下的蹄印）远处山峦连绵起伏，近处鲜花摇曳娇艳。牧草丰茂，睡觉不用褥子，放下裆裤一转身就很难找到。草下的石头五颜六色，山梁北坡下的查布其高勒水流潺潺。这就是卦中所说的地方。成吉思汗远远望去，正北一日路程处隐约有两座山，他恍然记起，与扎木合大战失败后，曾在那里隐藏。他曾给这两座山分别起名叫"霍图日呼"（锅底黑）和"呼格兴德楞"（老畜的乳房），以表示失败后的沮丧与气愤。

果然在西日根奴如草原上，这十四马儿个个肚皮滚圆，油光发亮，如同在自己的家乡一样悠闲地吃草、散步。

找到神马后的十几天时间里，成吉思汗踏遍了这里的一草一木。乌拉特后旗现在还沿用的地名就是成吉思汗那时根据自己神马特点起的名字，如"宝日布"（马后跟）、"夏日格"（黄骠色），叫寻找到银白神马的山沟为"扎嘎拉"（银白色）。他还把今距雷达站2千米的水泉叫"乌鲁给"（摇篮），扎嘎拉山东的水溪叫"查布

其"（神马刨出）。

在与这些神马分别时，成吉思汗亲自为它们举行"斯特尔"仪式，为它们戴上由绸缎编织的彩环，并亲吻了每匹神马的前额，这个习俗也被蒙古民族传承下来，用亲吻表示衷心的喜爱（蒙古民族对父母亲吻前额，对孩子则亲吻面颊）。

找到神马之后，成吉思汗生发了诸多感慨。他认为这些神马能够找到如此神奇美丽的归宿地，不给主人增添一点负担和麻烦，一定是受到了长生天的昭示。感慨之余，成吉思汗用别人难以理解的肢体语言，表达了自己兴旺于东部、平定西部后最终归宿于中部的意愿。现在，乌拉特后旗毕力盖庙第八代活佛鲁布森还能用肢体语言完整表述成吉思汗当时的意愿。

哈萨尔的故事
（一）

乌拉特部的祖先哈布图·哈

乌拉特草原

萨尔生性刚直，勇武过人，箭术精湛，骁勇善战。其仁义之行，驰名四方，征服四夷，收服部众，为建立蒙古帝国立下了大功。

成吉思汗有个叫蒙力克的父辈之交的本家族的长辈，他有七个儿子，都曾成吉思汗建立蒙古帝国出了力。七个儿子中有一个叫阔阔出，是大神巫（大萨满），他很有权力，也是蒙古帝国唯一一个能和天通话、传达天神旨意的神人，他

的权力仅次于成吉思汗，他的六个兄弟也非常勇敢。

阔阔出想利用自己的特权篡夺成吉思汗的汗位，就和他的六个弟弟合谋，暗中观察，寻找机会。可是他们非常害怕成吉思汗的胞弟哈布图·哈萨尔，所以计划先除掉哈萨尔。哈萨尔发觉了他们有不可告人的野心。

有一次，他们利用请哈萨尔喝酒的机会将他灌醉并痛打一顿。于是，哈萨尔向成吉思汗告发了他们的野心和罪行。但成吉思汗不相信哈萨尔的话，反而对哈萨尔说："平时你不是自称无敌于天下吗？怎么被打败了？"哈萨尔认为哥哥不相信他，不听他的劝告，以后还不知如何受阔阔出迫害，心中非常着急，就又去提醒成吉思汗。没想到惹怒了成吉思汗，把他赶了出去。哈萨尔非常伤心，三天没有来见成吉思汗。

阔阔出看到除掉或赶走哈萨尔的时机已到，就派另一个神巫去见成吉思汗，神巫对成吉思汗说："贴卜·腾格里（天神）派我来见大汗，要我转告您：长生天有圣旨，一次命铁木真执掌国政，一次命哈萨尔执掌国政，如果不及早对哈萨尔下手，将会造成后患。二者必选其一。你的消息不灵通，你

不能不提防些。"成吉思汗信以为真，怕哈萨尔夺权，立即整装出发，当夜捉拿哈萨尔。

阔阔出得知后，以为大功告成，毫不掩饰地对成吉思汗的母亲诃额仑说："大汗已经出发要逮捕哈萨尔了！"诃额仑听到这个消息大吃一惊，她驾上白骆驼车连夜出发，走了一整夜。第二天太阳出来的时候到了成吉思汗的大帐，看见哈萨尔的冠带已被取下，捆缚着双手，成吉思汗正在审问。成吉思汗看见母亲突然到来，惊恐不安。母亲怒冲冲下了车，亲手解开捆绑哈萨尔的绳索，把帽子和带子还给哈萨尔。母亲怒不可遏，盘膝而坐，露出双乳，垂放于双膝之上说：

"你们看见这个了吗？你们仔细瞧瞧，这是你们吃过的奶。"她大声吼道，"吃掉自己的胎衣，扯断自己的脐带，摧残骨肉。哈萨尔有什么罪过？"母亲继续说，"你们小的时候，铁木真只吃完这一个奶的奶水，可是哈萨尔吃完我的两个奶的奶水，使我的心胸宽阔。所以，铁木真心中有计谋，哈萨尔力气大、善骑射，他用箭收服那些逃出去的百姓，他挥刀招回叛离的逆众。如今，是否把敌人都斩尽杀绝了？你就不愿意看到哈萨尔了吗？"成吉思汗等到母亲息了怒气，恭敬地说："母亲突然到来使我很惊慌，很惭愧，请母亲歇息，孩儿暂且告退了。"说着便退出去了。

诃额仑训诫成吉思汗画像

成吉思汗听了诃额仑的训诫，放了哈萨尔，但从此不再信任他。后来，成吉思汗没有告诉诃额仑，暗中夺走了哈萨尔的许多百姓，只留给他1400户的人。事后，诃额仑虽然知道了此事，但也无可奈何，因此心中十分忧愁，这是她很快去世的主要原因。

哈萨尔看到大局已定，又感到自己身处险境，生命随时不保，便找机会离开成吉思汗逃跑了。

成吉思汗得知哈萨尔逃跑的消息，十分后悔。他马上招来手下誉称"四狗"（即"四先锋"）之一的速不台，下令道："要像鹰鹘般冲锋。平时闲坐，要像牛犊般温顺；战斗中，要像鹰隼般飞翔。兄弟相处，要像驽钝的牛犊般相亲；与仇敌搏斗，要像雄鹰般勇猛向前，要像饿虎争食物，要像饿鹰看见肉食般猛冲，要像光天化日下的豺狼残酷无情，要像漆黑夜晚的乌鹘迅敏勇猛，要像一个男子的两个妻子互不谦让。"

成吉思汗传令完毕。速不台回奏道："我全力以赴，尽力追赶。成败全凭可汗的洪福。"

速不台披星戴月，马不停蹄地追上了哈萨尔，对哈萨尔说："与心肝同胞决裂的人，容易成为异己的食品；与骨肉亲人决裂的人，容易成为他人的食品；抛弃自己家族亲人的人，容易成为孤家寡人的食品。国破家亡，成为霸者的食品。财物可得，同胞难寻！国家、百姓均可得到，唯有骨肉亲人难寻呵！"

哈萨尔听了速不台的肺腑之言十分感动，毅然归来和哥哥成吉思汗和好。成吉思汗知道自己中了阔阔出的阴谋诡计，让哈萨尔找机会杀掉了阔阔出兄弟六人。

阔阔出虽然被除掉了，但成吉思汗对哈萨尔的不满和猜忌一直没有彻底消除。尤其是哈萨尔心直口快，再加上他的功劳大，难免居功自傲，桀骜不驯，所以常常惹成吉思汗生气。

有一次，成吉思汗派孛翰勒·莫钦去哈萨尔处取皂雕羽翎，哈萨尔口无遮拦地说："他虽是全国的主子，但论皂雕羽翎还是我的比他的强。"说着取出皂雕羽翎交给了莫钦。莫钦说："你这是在仓库里放了多年的陈旧的羽翎。"他没有接受就走了，走到半路他想："没取到羽翎回去如何交差？"于是又返回去，这时恰好空中飞过一行大雁，莫钦想出出胸中的怨气，也想试试哈萨尔的技艺，便没好气地说："射一只雁子来！"哈萨尔问："你说应射雁子的哪个部位？"莫钦说："你射黑白两色之间。"于是哈萨尔拈弓搭箭射出一箭。这一箭正中雁子嘴部，他得意地扯下几根雁翎，递给莫钦："给，拿去吧！"莫钦说："这不是皂雕，这是雁子，毛上沾有血渍。"莫钦说完就走了。因为此事，成吉思汗对哈萨尔很不满，也很生气，兄弟间的隔膜更深了。

事也凑巧，误会接踵而来。这一年，成吉思汗偕同也遂合敦（皇后），率领骑兵浩浩荡荡亲征唐兀惕。树上飞落一只鸱鸮，成吉思汗看到以后，令哈萨尔射中它。哈萨尔刚射出一箭，谁知突然飞来一只喜鹊，恰好中了箭，断了翅膀。成吉思汗见状，勃然大怒，大将们纷纷前来劝说："善中有恶，恶中有善，请主上息怒。"在众将的劝说下，成吉思汗这才罢休。

又有一天，仆人字翰勒·莫钦对主子说："你那粗鲁的哈萨尔弟弟，酒席上曾抚摸了忽兰合敦（皇后）的手。"成吉思汗想起以前哈萨尔曾和七个晃豁坛人合谋，也没给他皂雕羽翎，说大话伤了自己的心，让他射死恶鸟鸱鸮，他却射杀吉祥鸟喜鹊，他做的这些事无疑是不怀好意。于是，成吉思汗命人在距西山嘴东500米处挖了一个大坑，把哈萨尔囚禁在地窖里，又叫四条壮汉看守哈萨尔，给他吃嚼不动的老公牛肉和野兽肉。这个地方正是今乌拉山西山嘴，如今乌拉特地区年老的长辈们每年大年三十晚上都要在囚禁哈萨尔的地方烧香祭莫。

那年，成吉思汗随军在穆纳山过了冬。第二年的春天西征，大军到了杭盖罕山，成吉思汗命令道："停止行军，继续围猎，围住苍白色的鹿时不许伤害。若是发现一个骑铁青马的头发蓬松、皮肤黝黑的男子，一定把他活捉过来。"于是，不出所料，部下真的活捉了一个乘骑铁青马的面孔黝黑的男子，急忙把他送到成吉思汗面前。

成吉思汗说："蒙古的圣主发兵征讨唐兀惕，失都忽儿汗派出一个哨探，这个哨探骑着一匹快马，再快的马也追不上那匹马，是著名的铁青马胡亦斯宝力德？"

那人说："被你们追上了，胡亦斯宝力德的四蹄就要脱落了。凡夫俗子追不上我，我是善于驰骋的喀剌宝通，现在被平凡的俗人捉到了，我的黑头也要落地了。"

成吉思汗问："据说你的可汗神通广大，能够千变万化，这是真的吗？你必须说实话。"

喀剌宝通回答："早晨，他变为黄花毒蛇时不能捕捉它；午间，他变成一只斑斓猛虎时也不能触犯它；晚间，他变作肤色淡黄的英俊少年，与夫人坐在一起玩耍时可以捕捉他。"

成吉思汗听了喀剌宝通的话，赦免了他，命令立即出发，继续前进。来到唐兀惕的边境，失都忽儿汗派遣他家族中会念咒语的老巫婆迎着蒙古军咒骂，蒙古的人马死了许多。速不台对主上说："这个老巫婆用咒语杀死了很多人马，如果解除对哈萨尔的惩罚，哈萨尔就能对付她。"成吉思汗接受了速不台的建议，同意将哈萨尔放出来，让哈萨尔骑上圣主有翅膀的黄骠骏马射那老巫婆。

哈萨尔被困了100天，筋骨萎缩舒展不开，身体虚弱，全身颤抖，手脚不灵便，所以提出要求："我要吃100个黑头绵羊肉，等身体恢复之后就可以射死那个老巫婆了。"于是，哈萨尔开始一天吃一只绵羊，在身体恢复期间射箭锻炼，他从黄河边往穆那山射箭，留下了箭头的射击痕迹。100天后，他吃完了100只羊，他的体力得到了恢复，从今鄂尔多斯素不热歌庙瞄准老巫婆。这时，老巫婆正在黄河边打水，哈萨尔一箭射去命中要害，那老巫婆侧身倒地，死时又咒道："哈萨尔的后代子孙，男儿死于刀枪之伤，女儿被丈夫遗弃。"老巫婆手里拿着水瓢，水瓢里的水溅到

野滩上，变成了现在的乌梁素海；哈萨尔的弓箭筒也飞落在山头上，这个地方就被命名为"沙德盖"（沙德格）。

（二）

成吉思汗平定西夏后，在六盘山患病升天。灵车返回故乡，途经穆纳山合日里格山嘴(今乌拉山西山嘴，距哈萨尔囚禁地5千米处)时，大车轱辘陷进了泥里，五色骏马也拉不动。在大家都无能为力的时候，苏尼特人格鲁格台·巴特尔唱道：

"从永恒的苍天委派你降生到人间，

　　人中之豪杰，

　　我的圣主呵！

　　你遗弃你的众多人民，

　　你回到，回到了极乐世界。

　　你所建立的朝廷，

　　你所创立的伟大国家，

　　与你有缘分的合敦和儿孙，

　　你所治理的山山水水，

　　都在那里呵！（用手指着北方）

　　你所建立的廉洁的朝廷，

　　你所创建的伟大国家，

　　你可爱的合敦和儿孙，

　　你的金宫玉殿，

　　都在那里呵！（用手指着北方）

　　你亲手创立的国家，

　　你命中有缘分的后妃和皇子，

　　你收复的众多属国，

你的亲人和你的眷属，

都在那里呵！（用手指着北方）

你的国家和人民，

你沐浴的水和雪，

你众多的蒙古人民，

你出生的斡难河的迭里温·孛勒答合地方，

都在那里呵！（用手指着北方）

用骒骝儿马的脑鬃制作的你的旗帜，

你的国徽，

你的战鼓、号角、胡笳，

你的全体民众，

你的客鲁仑河滨之曲雕阿兰原野，

你登上宝座的净土，

都在那里呵！（用手指着北方）

你成就大业之前知遇的你的孛儿帖合敦，

你的福地，

养育你的山水，

你最亲密的伙伴孛斡儿出、木合黎，

你所热爱的一切，

都在那里呵！（用手指着北方）

你那神遇的忽兰合敦，

你的马头琴的旋律，

你热爱的全体人民给你快乐幸福的山山水水，

都在哪里呵！（用手指着北方）

你觉得合里温山气候暖么？

你觉得古儿伯勒金合敦的容貌美丽么？

你以为唐兀惕国人口众多么？

你忘了你故有的蒙古么？

我的圣主呵！

你可爱的生命已经仙逝，

我们带回你的灵躯玉体！

让你的孛儿帖合敦瞻仰你的遗容，

护送你回到你的故国土地！"

接着唱，

"可汗重恩。

大车吱吱呀呀缓缓地向前移动，

所有的人不禁雀跃欢腾。

到达了大葬之地，

玉体永久埋葬在这里。

这里是可汗和臣宰的精神支柱，

全国人民信仰叩拜的圣地！

搭起八顶白色帐房，

永远祭祀！"

因为圣主成吉思汗在出征西夏途中，曾在穆纳山嘴之巴尔干地区说过这样的话："国破家亡之日，可在这里谋求复兴；和平兴旺之时，可在这里定居发展。饥饿的梅花鹿可在这里繁衍，耄耋之年可在这里颐养天年。"这次，载灵柩之车的车轮在这里下陷，不能前进。于是向全国发布命令，将圣主穿过的衣服，住过的帐房，用过的冠带、旧袜子，都运到穆纳山之巴尔干地区埋葬，并筑陵祭奠。真正的成吉思汗陵地，有人说在不儿罕合勒敦山，也有人说在阿尔山北麓肯特山南麓的伊克·兀图克地区。还有人说，成吉思汗把他的弟弟哈萨尔囚禁在穆纳山，哈萨尔去世后埋在这里，成吉思汗的灵柩路过此地，兄弟俩的阴魂在穆纳山相见，不想再分开，哈萨尔为蒙古帝国着想才放走哥哥成吉思汗。

搏克王乌日杰的故事

名扬全国的英雄好汉搏克王乌日杰，生于乾隆年间，家住乌拉特西公旗库列布隆。

乌日杰儿时家庭非常贫寒，父亲早逝，靠母亲给富人打工、挤奶、放牛维持生计，母子俩相依为命。一个大旱之年，乌日杰跟随母亲来到乌拉特中公旗哈太山前的一个名叫乌兰额日格的地方，在那里捡到了一头小牛犊。于是，小乌日杰每天抱着这头牛犊玩耍。

当小牛犊长成了大牛时，小乌日杰也成长为十二三岁的小伙子，他从小就很健壮，这时已成长为一个少有的大力士，能够双手抱得起成年大牛。有一天，母亲为他缝制了一条牛犊皮口袋并装满砂土后，对儿子说：“你父亲在世时曾经是个力大无比的摔跤手。他能把装满沙土的牛皮袋一脚踢出很远，并且

天天早上到水井边跺脚练功。他一脚跺井水就会从井口喷出来。孩子啊，如果一个像你想成为你父亲那样威震四海的摔跤手的话，就必须天天用脚踢这一袋装沙土的牛皮袋，天天到水井边跺脚，一直练到能把井水喷射出来。”

于是，乌日杰按照母亲的要求，天天用脚踢牛皮袋，天天到水井边跺脚。久而久之，他的力气大长，能一脚踢飞牛皮袋。母亲为他用大牛皮缝制了一个口袋并装满沙土，让他继续练习。当乌日杰十七八岁时，他便成长为一个力大无比的彪形大汉了。

每年秋季，运粮驼队从包头驮运粮食，经过乌兰额日格时，总会在乌日杰家前面休息打尖。因为运粮的骆驼很多，留下的驼粪可以做取暖做饭的燃料，足够乌日杰母子一年用，于是，乌日杰每年扫一次驼粪。母亲从来不让他同驼队的小伙子们摔跤作乐。

又一个大旱之年，母亲准备搬家，到富人家借骆驼去了。乌日杰站在河边眺望着母亲，驼铃声越来越近。乌日杰跑到路口拦住驼队的去路说道：“你们的摔跤手在哪里？下来！摔跤试一试！”拉骆驼的人看不起乌日杰，便轻描淡写地举起手中的小鞭子指向驼队的末尾

说："我们的摔跤手在后面！"说完就继续赶路了。于是，乌日杰站在路边整整等了三天。每见到一个拉驼人都说："我们的摔跤手在后面。"乌日杰心里非常气愤，也很纳闷儿，心想："没有摔跤手还算什么驼队？"

等到太阳快要落山时，最后一批驼队来到了他的面前。乌日杰双手叉着腰站在路口大声喊道："你们的摔跤手在哪里？来跟我摔一跤看看！没有摔跤手的驼队还算什么运输队？我等了整整三天啦！"一个高大的白色骆驼驮架上坐着一位白须老人，睡眼蒙眬地半睁开眼，抬起头指向驼队的末尾，很不情愿地说道："我们的摔跤手在后面呢！"乌日杰继续拦着驼队的去路问道："在哪儿呢？请你指给我！"老人坐在驮架上举起驼鞭指着说道："那不是吗！"乌日杰向老人指的方向问道："是吗？"当乌日杰愉快地让开道，站到路边时，那位老者从乌日杰身边走过的一瞬间，微微弯腰在乌日杰的肩头一个巴掌将他打进土里足有一尺深。可是乌日杰没有趴下，仍然站立在原地丝毫未动，继续喊："你们的摔跤手在哪里？"老人见状大吃一惊，从骆驼架上跳了下来，将乌日杰从沙土里像拔萝卜一般拔了

出来，拍着他的肩膀说道："看来你像是摔跤世家的孩子。"老人拔下大骆驼的银质鼻驹赠送给了乌日杰，说道："好吧，小伙子啊，让我们在来年的喀尔喀的摔跤大赛上相逢吧。喀尔喀的摔跤王、大力士多得是，像天上的星星那么多。"老人说完跳上骆驼扬长而去。

乌日杰回到家时母亲也回来了，他发现门前拴着一峰骨瘦如柴的小母驼，问道："借来这么瘦的骆驼我们还能搬得了家么？"母亲说："吝啬小气的富人小看我们穷人，认为我们没有什么东西，所以给了这么一峰瘦干母驼。有什么办法呀？孩子啊，只好凑合着搬家吧。"乌日杰听后心里十分恼火，但是什么也没有说，他拆掉毡包，收拾好所有的东西，让母亲坐在老母驼上面，自己背着全部东西和老母驼走到距离那家吝啬的富人家不远的叫塔拉布拉格的地方住了下来。

那家富户的主人看到乌日杰搬家时根本就没有用他借给的老母驼，而是自己连同蒙古包、母驼和其他生活用品以及老母亲一起背着走来时大吃一惊，心里感到很恐惧，转身钻进蒙古包里再也不敢出来。乌日杰牵着母驼走到富人家门前，将母驼拴在他家门口，走进蒙古包向富人借提水斗子，富人赶忙

拿给了乌日杰，可富人的妻子一把抢了过来，说道："我们家提水斗子绳索断了！"。

乌日杰怒气冲冲走出富人家，回家的途中看见一块足有蒙古包一扇哈纳大的石头，就把这块大青石搬到富人家的井上，将井口压死了，然后带着母亲搬走了，远离这家吝啬的富人。

他背着蒙古包和母亲先后在乌拉特草原上的新忽热、桑根达来、巴音、川井一带过起了游牧流浪的生活。

与运输驼队的摔跤老人相逢之后的第二年，乌日杰应老人的邀请前往喀尔喀，为参加他们的摔跤比赛上路了。有一天，他感到非常口渴时，心里盼望着能找到一家牧民。当他费尽全身的力气穿过一大片梭梭林时，他发现前面有一大群（据说是上万峰）红驼。这时，他看到一位漂亮的姑娘站在水井边给驼饮水，口里喊着"桃日！桃日！"引诱驼喝水，乌日杰不由得有些心慌，于是走到姑娘身边向她请安，他问道："能否借用一下吊水的斗子？我想饮一下我的坐骑。"

姑娘二话没说，很在意地望了他一眼，用她那巨大的驼皮做的吊水斗子吊起了满满一大斗子水，只用一只手提着递给了乌日杰。乌日杰明白了这位姑娘是位大力士，但心里不服，接过姑娘递过来的驼皮水斗时，只用两个指头轻轻地提起来将水倒进水槽，将驼皮水斗还给了对方。他问道："大圐圙（库伦）离这里还有多远？"姑娘惊奇地望着乌日杰，举起装满水的石头槽子指向远方，傲慢地说道："就在那个地方不是么？"乌日杰看到姑娘这么傲慢，心中不由得燃起嫉妒之火，顺手举起站在身边的一峰骆驼尾巴指着远方："啊，是在那里么？"说完便扬长而去。

到了库伦，乌日杰首先在报到处报了名。他参加了两天的摔跤比赛，却始终没有见到那位大力士姑娘的身影，于是乌日杰利用休息时间到处打听那位姑娘的消息。比赛的最后一天，摔跤场上只剩下乌日杰和喀尔喀的一位摔跤巨匠，他们两人之间将进行争夺冠军的比赛。

夜深人静的时候，乌日杰悄悄走了出去，他发现在他的住处的西北方向有一顶大布帐篷还亮着灯，从帐篷的缝隙向里面一看，那位牧驼姑娘拖着两个长长的乳房安坐在那里。过了一会儿，姑娘长长地吸了一口气，她的拖到膝盖的长长的乳房立刻缩到拳头那么大。然后她又用长长的哈达将自己的胸部紧紧裹起来，出了满身的汗，又将自己打扮得像个男人一样。乌日杰立刻猜想到明日与他争夺冠军的就是这个牧驼姑娘，想到这里不由得感到心慌意乱，有一点害怕。

当他悄悄返回布帐篷时，为他烧火做饭的高个子老太太向他问道："孩子啊，你怎么啦？看到什么啦？"乌日杰隐瞒了真实的情况，说道："什么也没有看到。"老人哈哈大笑，对他说："孩子啊，外面炉灶下的炉炕是个地道入口，你从那里钻进去，在那里你会看到一个铜质管子，你把耳朵贴着铜管听一听。"乌日杰按照老人的嘱咐钻进地道，将耳朵贴住铜管，里面传来了声音："明天你跟她出场摔跤时，你必须将她裹在胸部的哈达一把撕开，只有这样你才有可能获胜。如果撕不开她的裹胸的哈达，你就有可能死在她手里，因为她是一个伪装的人形魔鬼。"

乌日杰相信了老太太的告诫。第二天，赛场里坐满了成千上万的观看摔跤比赛的人。两位摔跤高手舞着跳着出现在摔跤场上，只见喀尔喀女摔跤手出场时将摆放在出场路口的30块茶每走一步一脚踩碎一块走了出来。乌日杰出场时也丝毫不示弱，他将栽在出场路边碗粗的32根桩子每走一步踢断一根走了出来。他们二位就这样开始了摔跤对抗赛，太阳快要落山时比赛仍未见

分晓，乌日杰身上开始冒凉汗，那位女跤手也开始流汗。这时，乌日杰突然想起了老太婆对他说的话，于是集中全身的力量乘对方不备时，一把将她裹在胸部的哈达撕个粉碎，女跤手长长的乳房拖到了地上，乌日杰借机火速上前抓住她的乳房将她摔向地面，姑娘惨叫了一声便断了气。

当乌日杰摔跤获胜并领到奖品返回布帐篷里时，那位老太太便对他说："孩子啊，现在你赶快离开这里往回走吧！在这里一刻也不能多停留。"于是，乌日杰当即逃离了那里。

乌日杰的逃跑引起了一场大动乱，士兵骑着马在后面追他。乌日杰从小没有骑过马，也不喜欢骑马，但他从小练就了快速奔跑的本领，将马队甩到了后面，顺利地逃了出来。傍晚时，乌日杰来到了一家养驼的富人家过夜。

在掌灯时，富人家的主人宰了一头四岁牛，放进大锅煮着。突然，外面传来骆驼的吼叫声。一位抱着梭梭柴的老太婆开门进来了，用手拧干了梭梭柴，再用指头碾成粉放进火盘引起火来。乌日杰看见后，心里不服，他也模仿老太婆悄悄拿了一节梭梭柴，费了很大的力气才用手指头勉强碾成了粉，他意

识到这两位老人是罕见的大力士。老头从外面走了进来，坐在乌日杰身边，从锅里捞出一块煮熟了的牛骨头供入神龛后说道："好啦，孩子啊，吃肉吧！"老太婆不时地掉转脸擦眼泪，当她转过身子时，乌日杰发现老太婆手里拿着一条长长的哈达，他猜到这两位老人一定是那位牧驼姑娘的父母。当他不知如何是好时，老太婆说道："这没有什么关系！孩子啊，你尽管放心地好好吃肉吧！"说完将被撕破了的长哈达供放在神龛前。两位老人在乌日杰左右两边分别坐下，特别热情地招待他："过夜再走吧，我们会给你宰羊吃，再住几日，我们还会给你宰牛吃！"

那天晚上，乌日杰一夜没有合眼，只是躺在那里静静观察周围的环境，考虑如何离开这里。天快要亮的时候，乌日杰迷糊了一会儿，打了个小盹儿，朦胧中听到那老头和老太婆说："现在不动手还等到什么时候？"于是，乌日杰火速跳了起来，将蒙古包的哈纳掀翻，把两个老妖魔压在蒙古包下赶快逃跑，那两个老妖魔掀翻了压在身上的蒙古包，火速追了上来，他们相互厮打起来，乌日杰感到自己一个人敌不过这两个老妖魔，只能选择再次借机脱身逃跑。他拼命向前跑

了很长一段路，前面是一大片茂密的梭梭林，很难找到通道，这时那两个老妖魔骑着骆驼又一次追了上来。乌日杰使出了全身的力气边跑边拔起梭梭树向那两个老妖魔抛去，扬起的泥沙进了他们的眼睛，乌日杰终于逃脱了他们的追赶，保住了性命。

从此以后，乌日杰便获得了威震四方的搏克王的美名。在年年的摔跤比赛中没有一个人能摔得过乌日杰，他年年夺冠，成了天下无敌的常胜搏克王。他同同龄青年人在一起时经常比力量比勇气，看谁搬的石头块儿最大，搬来巨石堆起敖包，开心地说道："让这石头敖包挡住北方吹来的寒风吧！"这座巨石堆成的敖包屹立在乌拉特草原上，至今还是乌拉特草原上永远的骄傲。

后来，搏克王乌日杰年事已高，在将要离开人世时，他的性格变得特别古怪，有一天他突然失踪了。人们感到很惊奇，没人知道他去了哪里。当人们找到他时，他牢牢地抱着一株梭梭树，别人怎么劝，他也不肯回家，他的儿子上去拉他的手，也拉不动，他的女儿放羊回来后走到他身边，连同那株梭梭树将他一起背回了家。乌日杰意识到他的力气遗传给了女儿。

搏克王乌日杰死后，一位喀尔喀的骆驼运输队的牵驼人发现一个坟墓里死者胸腔骨架里竟然有野狼做窝下了狼崽子，并且认出了这个胸腔骨架是搏克王乌日杰的胸腔骨，于是，他们将骨架运回喀尔喀重新安葬。

从此以后，乌日杰的灵魂告别了乌拉特草原，转移到了喀尔喀草原上。在乌拉特草原上再也没有出现过乌日杰那样威震四方的大力士，也没有出现过乌日杰那样神奇的摔跤手。

德力格
——乌拉特草原上的阿凡提

阿凡提机智幽默，深受人们的喜爱，乌拉特草原上也有一位机灵聪明、讨人喜欢的"阿凡提"，他的名字叫德力格。

德力格是19世纪末生活在乌拉特巴格毛都一带的穷苦牧民，这一带属乌拉特东公旗管辖。德力格从小特别机智，口齿伶俐，别人都说不过他。他到别人家时，别人问他："看见三匹带绊的马儿了吗？"他答道："带一个绊的三匹马我没见，三匹马带一个绊的也没见，只见过河槽边吃草的都带绊的三匹马儿。"还有一次，他出去寻找牲畜，天色渐晚，只能借宿在一个外地倒场户家中。这户人家有

点小气，不想让他住宿，就说："东边三里有人家，你到那里去住吧。"德力格一掀毡子说："毡子是你家的，地方是大家的，我就睡在大家的地方上吧。"说罢，铺上鞍垫倒头就睡。

由于德力格机灵活泼，乌拉特东公旗的公爷让他当了旗公所的信差。当差中，德力格看不惯公爷和公爷家人的傲慢无理，一有机会就讥讽和捉弄他们。

一日，公爷骑着一匹儿马来到井边饮水，德力格故意装作没看见，从旁边傲慢地打马而过，到旗公所的蒙古包里端坐等候。公爷饮完马回到包里，德力格倒身跪下，给公爷请安，公爷怒斥："刚才在井旁你好像是公爷，我是奴仆，现在怎么认得我是公爷了。"德力格回答："失去马群的人没办法才会骑儿马，失去奴仆的王爷没办法才自己去干活。公爷您骏马千匹，奴仆成群，怎么可能去干奴仆的活儿？我怎么敢想是您在饮马，请公爷饶恕我有眼无珠，没有看见您。"公爷无话可说，只能作罢。

还有一次，德力格送信回来，正刮大风，大家怕把旗公所的蒙古包掀翻，压了许多木枷和锁链。德力格顿生一计，脱光衣服去见公爷。公爷见状大为恼怒："大胆的

德力格，你怎敢光着身子玷污我的公堂！"德力格十分神秘地说："公爷，您怎么不知躲避呢？您的公堂已沾惹上死罪了。我发现后没顾得上穿衣服就赶紧来告诉您。"公爷知道他言之所指，自知做事不当，就没有处罚他。

乌拉特东公旗当时在呼和哈拉山下扎营，每日黄昏，只要天气晴朗，公爷都要带上家人在呼和哈拉山上饮宴、歌舞。一日，公爷拿着望远镜观赏山下吉日木塔林草原的美丽景色，他看见德力格东倒西歪、疲惫而归的样子十分可笑，就把望远镜交给家人轮流观看，准备挖苦德力格一番。德力格也看到山上有人在看他，知道一定是公爷一家。他装作什么都没看见，在马上撩起衣袍撒起尿来。公爷的家人见此情景，个个羞红了脸，口中唾骂。等到德力格来到山下，公爷派人把他叫到面前，甩得皮鞭叭叭直响："不知羞耻的奴仆，草原上只有你才会做出这样牲畜的事情。还不快趴下，皮鞭会教你知道什么是羞耻。"德力格回答："公爷息怒，您可怜可怜我们当奴仆的苦处。为了完成您交给的差事，我们是帽子掉了都没工夫捡，放屁连屁股都不敢撅一撅，吃喝拉撒就地解决，睡觉不能离鞍蹬，即使这样您还怨我们耽误事。再说这时正日落西山刺眼睛，您

怎能看见山上有人行？"公爷一想也对，就没有处罚他，只教训了他几句就让他休息去了。

德力格当信差的时候，乌拉特草原人烟稀少，他经常一连几天吃不上东西。这一天，他偶然遇到一个毡包，进去后发现这家人的地毯反铺在地上，于是，他面向哈那坐下了。这家主妇奇怪地问："你怎么反着坐呢？叫我怎么给你递茶？"德力格说："我是不敢破坏你家的规矩啊。"主妇见他行为怪异，就只给他倒了一碗空茶（蒙古人管不放吃食的茶叫空茶，"空茶难喝，空话难说"就是这个意思）。德力格看见橱柜上有胸叉肉和肥肠，口水直流，就说："我在来的路上，看见一个兔子离我就和你家橱柜这样近，我拿一根和你家肥肠一样粗细的棍子去打，一下没打着，两下没打着，三下没……"主妇没等他说完，羞赧着脸，急忙端上胸叉肉和肥肠。德力格饱餐一顿后，扬长而去。

不用骆驼捕猎兔子

戈壁猎人打猎时遇到成群的鹿、黄羊、野驴时，立即从骆驼背上跳下来，以骆驼做掩护，慢慢靠近猎物，选好肥壮的猎物后，再进行猎杀，以保万无一失。

猎人们猎取猎物有严格的规

则，他们从不猎取哺乳期的母羊、母鹿。一个训练有素的猎驼能够不慌不忙地躲开树木或草丛，灵活地绕过棘刺等，听从主人的命令，巧妙地靠近猎物。所以，骆驼是戈壁猎人的盾牌，无论多么警觉的鹿、黄羊、狼和狐狸都能成功猎获。

但戈壁猎人在狩猎兔子时绝不利用骆驼做掩护，因为他们认为骆驼和兔子原本是一家，而且总给喜爱的骆驼起名叫什么什么兔子。

传说，天神要选拔十二生肖，小兔听到消息后，赶忙去报名，报名员问小兔的家长姓名，小兔不知道父母的姓名，心中一慌，顺口说："骆驼。"报名员仔细看着兔子的三瓣嘴和几根长长的胡须，确实与骆驼有点相像，就在花名册的家长姓名栏里填上"骆驼"二字。花名册送到天神面前，天神考虑到骆驼对人类的贡献，就把骆驼排在鼠、牛、虎的后面，位列第四名。之后，天神得知花名册中的骆驼是兔子时，十分后悔，但木已成舟，无法挽回。从此以后，小兔感谢骆驼大恩，拜它为干爷爷。这就是戈壁猎人不用骆驼捕猎兔子的原因。

老鼠列为十二生肖之首

老鼠听说天神下凡要选十二生肖，心想如果自己能够当选该有多好。它每日抓耳挠腮，绞尽脑汁，想办法靠近天神，可听说天神下凡后，今日牛请，明日蛇宴，龙献珍珠，猴捧寿桃，狗做跟随，虎当保镖，哪里有老鼠的份儿，但老鼠并不放弃。

赐封之日，老鼠早早来到现场，由于个子太小，它爬到牛的角尖。天神开始宣封，刚开口说："第一个属……"话还没说完，老鼠就从牛角尖上蹿了下来，大声应道："谢天神赐封！"天神感到莫名其妙："我没有赐封你，你乱应什么？"老鼠仰着鼠头鼠脑，张着两只鼠耳说："你不是说第一个属（鼠），这可是大家都听到的！"天神语塞之际，老鼠连珠炮似的说："你可是天神，金口玉言，一言既出，驷马难追。你要是反悔，就是失信于人，今后大家还怎么听你的号令，遵你的旨意！"老鼠的话令天神瞠目结舌，只得封老鼠为十二生肖之首。

北疆明星　时代风流

HUASHUONEIMENGGUwulatehouqi

北疆明星　时代风流

BEIJIANGMINGXINGSHIDAIFENGLIU

巍巍阴山两畔，鸿雁留恋之地，北开如茵牧场，南守秀美粮川。一座新型工业城、生态宜居城、草原边塞文化名城正在祖国北疆强势崛起。

乌拉特后旗物华天宝，人杰地灵。近年来，依托资源、环境和政策优势，大力推进工业化进程，招商引资成果丰硕，经济社会呈现出跨越式发展的态势。有色金属和新能源产业初具规模，煤化工、硅、建材、石油四大产业迅速发展。工业化、城镇化、农牧业产业化步伐加快，一大批国内外知名企业在这里落户。截至2017年底，全旗共有各类企业506家，其中规模以上企业38家，上市公司6家。

资源优势
区位优势

乌拉特后旗位于"津（天津）—京（北京）—呼（呼和浩特）—包（包头）—银（银川）—兰（兰州）—新（新疆）"经济带上，是国家西部大开发的重点区域。北与蒙古国接壤，是我国向北

乌拉特后旗新貌

223

开放的前沿；西部承接新丝绸之路经济带；向东直抵京、津，连接环渤海经济圈。乌拉特后旗是贯通欧亚大陆桥，集商品贸易、仓储物流、信息交通为一体的黄金枢纽。

交通优势

乌拉特后旗交通便利，已形成以公路运输为主体、铁路运输为骨干的综合交通体系。临哈（内蒙古临河—新疆哈密）铁路过境呼和镇，并在青山工业园区设立火车站；京新高速公路过境乌拉特后旗，并设有出入口；包兰铁路、京藏高速公路横贯全市，距乌拉特后旗仅50千米。

乌拉特后旗形成了"四横两纵、十三个进出口"的四通八达、科学合理的路网结构。全旗境内通车公路总里程达1553千米，固察一级公路横跨东西，与毗邻盟市相连；赛临公路、获青公路纵贯南北，直达巴彦淖尔市政府所在地临河区，连接达来毛都口岸和青山工业园区。

矿产资源优势

乌拉特后旗矿产资源丰富，据地质资料记载，东起白云鄂博，沿阴山山脉向西至狼山，再到乌拉特后旗西北200千米境外的蒙古国奥尤陶勒盖矿床，形成一个庞大的成矿带。境内自东向西有东升庙、炭窑口、获

各琦、欧布拉格四大金属矿区，现已探明的矿产资源有8大类46个矿种、118处矿点，各类矿产资源具有储量大、品位高、易开采的特点。

第一类是能源矿产：石油储量1.4亿吨，平均含油量35%；油页岩储量300亿吨，平均含油量6%，最高含油量9.75%。

第二类是黑色金属矿产：共

有三种，铁、锰、铬。铁矿资源丰富，储量1.4亿吨，平均品位35%。

第三类是有色金属矿产：铜储量300万吨，平均品位1.2%；铅储量200万吨，平均品位1.5%；锌储量1000万吨，平均品位6%；钼已探明储量52万吨，平均品位0.15%；镍储量6563吨，平均品位0.4%。安远矿业在乌拉特后旗巴音查干开展探矿作业，初步测算镍矿储量8万吨。

第四类是贵金属矿产：有金、银、镉等矿产。

第五类是冶金辅助原料矿产：有石英、萤石、白云石等矿产。

第六类是化工原料矿产：有硫、磷、芒硝、钾盐、蛇纹岩、石膏等矿产。

第七类是建材及其他非金属矿

迎宾大道

产：有白云母、大理石、石榴石、绢云母、碧玺、硅石等矿产，储量居内蒙古自治区第二位。

风能、光能资源优势

乌拉特后旗风能、光能资源富集。阴山北麓地域广袤、地势平坦，70米高度年平均风速8.2米/秒，年平均风功率密度560瓦/平方米，年有效风速小时数7300小时，全旗风能技术开发量可达6000万千瓦。乌拉特后旗地处蒙古高原，干燥少雨，年日照时数约3400小时，太阳能总辐射值约1637千瓦时/平方米，是全国光热条件最好的地区之一。

非金属矿产优势

截至2017年，乌拉特后旗已探明的非金属矿产有硫、水泥用大理岩、萤石、磷、硅石、石榴子石、饰面用花岗岩、建筑用砂、石料、片石等。

萤石：乌拉特后旗境内发现萤石矿点5处，主要分布在前达门苏木、潮格温都尔镇和获各琦苏木的戈壁地区。萤石又名氟石、五花石，化学成分为氟化钙，因含有各种杂质及机械混入而呈紫色、绿色、蓝色、黄色、玫瑰色。萤石常呈立方体或八面体结晶，有时为块状或黏状集合体，比重为3～3.2，莫氏硬度为4，熔点1270～1350℃。乌拉特后旗巴音高勒萤石矿是巴彦淖尔地区唯一持有采矿许可证的企业。萤石矿是国家控制开采的一种炼钢铁的添加剂，巴彦淖尔市

铜矿区

萤石矿的年开采量不得超过0.6万吨。乌拉特后旗萤石矿地质品位为68%~83.6%，地质资源储量6.84万吨，属地下开采。

硅石：乌拉特后旗境内依法持证的硅石矿企业有10余家。硅石分为普硅、精硅等，主要用于制作酸性耐火砖硅砖，广泛用于砌筑焦炉、电炉、玻璃熔窑和耐火材料成窑等炉衬。

石榴子石：石榴子石是一种铝硅酸盐，按成分不同，分为镁铝石榴石、铁铝石榴石、锰铝石榴石、钙铝石榴石等。石榴子石是一种大小不同的结晶颗粒，硬度在6.5~7.5，熔点1180~1200℃，总储量44.42万吨，含矿率14.48%。主要用于制作各种砂轮、砂纸等，优质的石榴子石可以制作钟表、精密仪器的宝石轴承，还可制作工艺品。

饰面用花岗岩：乌拉特后旗天宝丽矿业有限公司花岗岩总储量122万吨，矿石量156.34万立方米，荒

牧民用上了风光互补

料量38.3719万立方米。

农牧林水资源优势

乌拉特后旗阴山以北属典型的荒漠草原，有草场2.44万平方千米，其中可利用草场1.68万平方千米，年度牲畜总头数38.4万头；阴山以南是狭长的河套冲积平原，现有耕地86.7平方千米。水资源充沛，每年通过总排干流经旗境的水资源量为1.8亿立方米，可用于发展经济。

农畜产品优势

乌拉特后旗阴山南麓的农区土地肥沃、灌溉便利，是河套平原的一部分，农业生产条件得天独厚，

风电场

主要种植小麦、玉米、葵花及瓜果蔬菜等。该农业基地通过了无公害绿色食品生产基地认证，现代绿色农业、精品农业、城郊设施农业初具规模。乌拉特草原水草丰美，有着发展畜牧业的天然优势，全旗年度牲畜饲养总头数为62万头只，其中二郎山白绒山羊和戈壁红驼是国内外珍稀畜种。

二郎山白绒山羊

二郎山白绒山羊被纺织专家誉为"白雪公主""纤维之王"，因其绒长纤细、色泽洁白、质地优良而闻名遐迩。戈壁红驼驼绒以其纤维长、绒丝细、产量高蜚声海内外，曾获美国"安美桥第二届国际驼绒绒奖"。后山羊肉因其肉质鲜美、无膻味而广受四海宾朋的青睐。

标准化农田

二狼山白绒山羊

戈壁红驼

戈壁红驼也叫大地红痣，是生长在乌拉特后旗阴山以北中蒙边境沿线戈壁草原的优良畜种，双峰，毛显棕红色或紫红色，具有速度快、体壮力大、肌肉厚实、外表轻巧、不嚎叫、怕生人、繁殖慢（两年一胎）、生存能力强（不吃不喝存活79天，只吃不喝存活82天，只喝不吃存活109天；3～5天不喝水可照常使役，哺乳期7天不喝水奶量不变，失水达到30%～40%无生命

危险）的特征，与蒙古国南戈壁省的嘎里宾戈壁红驼是同一个品种。浩瀚而干旱的戈壁沙漠造就了戈壁红驼惊人的耐力，经国内外畜牧业专家、骆驼研究人士论证，乌拉特戈壁红驼保留了蒙古骆驼的原型。

戈壁红驼属于世界珍稀畜种，乌拉特后旗主要有戈壁红驼和中国白驼两个骆驼品系。

戈壁红驼平均每只年产毛量4.2千克，收绒量3.75千克，净毛率达63%。2013年，乌拉特后旗被俄罗斯农业部和国际双峰驼学会命名为"中国戈壁红驼之乡",乌拉特戈壁红驼的数量居内蒙古自治区第二。

戈壁红驼胴体重200～450千克,屠宰率为5.2%左右。驼掌、驼峰、驼筋、烤全驼是宴席上的上等美味佳肴。骆驼宝克(种驼颈腺分泌物)对子宫肌瘤、肾阳虚、肿瘤

有辅助治疗作用。

驼奶的成分接近牛奶,黏而稠,脂肪球小,易为人和幼畜消化吸收;驼奶蛋白质、脂肪、干物质含量比牛奶高,乳糖含量少,营养丰富,可作为医疗保健饮品,对糖尿病患者降糖也有特殊疗效。驼皮是皮革制品的上好原料,与牛皮相

红驼泥塑

比具有价格低、亮度佳、柔软、保暖等优点。驼绒又是纺织工业的优质原料，可做高级被褥、棉衣填充物。驼骨能代替象骨，可制骨质品和雕刻装饰品。

骆驼可骑乘、驮运、拉水车、拉擀毡和狩猎等，利用价值高于其他役用家畜。骑骆驼慢步日行

50~70千米，最快日行100千米，慢快跑结合日行65~80千米，长途速度赛每千米2分9秒。所驮重量约为体重的34%~43%，一般骟驼能驮150~200千克，日行40~50千米，多者可驮200~400千克。骆驼是草原播种机、大自然的守护者。

戈壁红驼文化是以骆驼为主要对象，人、驼、自然结合，融合骆驼饲养与驯服、生活习俗、宗教祭祀、祝福礼仪、古代民间艺术、生态理念、岩画、游牧文化、丝绸之路足迹等诸多因素而形成的稀有民族文化，是游牧民族在长期的生产生活中一代又一代传承下来的特殊文化，是乌拉特文化的精髓。

鉴于骆驼对人类的贡献，蛮荒时代的游牧人视骆驼为天赐之神物，有供奉骆驼的习俗。祭驼是一种传统民间文化，祭驼活动有极其丰富的人性化内容，产生了诸如"功臣驼""劝奶歌""骆驼赞""祝颂词"等大量的拟人文化，除保留民间信仰、体育竞技、民间艺术、民间工艺的原生形态外，还体现了人与自然、人与家畜的和谐共生，隐含着知恩图报、与人为善、善待环境、崇尚自然的朴素道理，蕴含着因势利导、言传身教的生活态度，传递着温柔敦厚、默契和谐的人生哲理，在增强民族

那达慕大会上的戈壁红驼

凝聚力、丰富牧民文化生活方面具有重要作用。

戈壁红驼文化的内容包括驼球（蒙古族驼球比赛于2002年从蒙古国引进，2010年乌拉特后旗被命名为"中国驼球之乡"，2014年列入第四批国家级非物质文化遗产名录）、驼门球、驼泥塑（乌拉特戈壁红驼泥塑列入第五批内蒙古自治区级非物质文化遗产名录）、戈壁三宝（包括戈壁红驼、梭梭、肉苁蓉，戈壁红驼是国家二级重点保护动物、梭梭、肉苁蓉是国家二级重点保护植物）、速度驼赛（蒙古族赛驼列入第五批自治区级非物质文化遗产名录，2012年，乌拉特后旗被命名为内蒙古自治区级快驼训练基地）等骆驼游牧文化遗产共8大类71项。

要素优势

水：黄河排干灌溉退水流经乌拉特后旗，乌拉特后旗政府为发展工业经济配套建设的年供水量为9800立方米的供水工程已建成投用。

电：巴彦淖尔电网是内蒙古西部电网的重要组成部分，具有完整的输变电网络和安全可靠的供电能力。近年来，电力供大于需，供应充足，无缺电、限电情况，且电价相对较低。乌拉特后旗已建成500千伏变电站2座、220千伏变电站3座、110千伏变电站3座。拟开工建设2×35万千瓦工业园区自备电厂。

地：乌拉特后旗地域辽阔，土地资源十分丰富，按照国务院发布的《全国工业用地出让最低价标准》，属15等级类型用地，属全国土地费用最低区域。

口岸：位于乌拉特后旗境内的达来毛都口岸正在申请复关，将成为又一条连接中国和蒙古国的经贸通道。毗邻乌拉特后旗的蒙古国南戈壁省矿产资源丰富，其中塔本陶勒盖煤矿（TT矿）、奥云陶勒盖铜矿（OT矿）是世界级的大型优质煤矿和铜金矿床。达来毛都口岸是国内开发利用上述煤矿和铜矿的最佳通道。

工业经济发展概况

乌拉特后旗依托资源和区位优势，先后引进紫金、西矿、黑猫、盾安和国电、龙源、大唐等国内知名大企业、大集团，形成采选、冶炼、建材、新能源、化工、石油等重点产业。

青山工业园区

青山工业园区始建于2002年，园区管辖面积120平方千米，规划面积33.5平方千米，建成面积20.4平方千米。包括两个区：西部产业集聚园区重点发展有色金属冶炼、硫化工、太阳能光伏和建材产业，东部产业集聚园区重点发展金属加工、太阳能光伏下游和装备制造业。已初步形成集化工，建材，物流，有色金属采选、冶炼、加工为一体的循环经济工业产业链。

青山工业园区按照科学规划、合理布局的原则，累计投入建设资金13.7亿元，各项基础设施配套不断完善，承载能力不断提高。

道路管网工程方面：完成五横七纵约43千米道路硬化、管网铺设、路灯的安装以及8千米防洪建设工程。

供电工程方面：建成35千伏变电站3座、110千伏变电站2座、220千伏变电站3座、500千伏变电站1座，供电能力达到60万千瓦，为青山工业园区提供双回路安全用电保障。

供水工程方面：建成年供水能力1070万立方米的供水公司，保障青山工业园区的生产用水和生活用水。

污物处理工作方面：建成工业固废堆放场、生活垃圾集中填埋场、日处理2万吨污水处理厂、日生产3.5万吨再生水厂、消防特勤站等。

公共配套服务设施建设：青山工业园区中小学、幼儿园已投入使用，特勤消防站、综合医院、酒店、金融服务设施运行良好，入园企业与职工公寓楼陆续建成，园区内设有公共活动绿地、篮球场等文化活动场所。

矿山工业的跨越式发展之路

转制激活力，创新谋发展，乌拉特后旗工业经济强劲崛起，走上了跨越式发展之路。乌拉特后旗依托资源，加快发展，实现不可再生资源的循环利用和可持续发展，延伸产业链条，提高有色金属资源的附加值。不断加大招商引资的力度，凭借丰富的有色金属优势，引进了西部铜业等十几家大型企业，成为引领乌拉特后旗经济腾飞的中流砥柱。

20世纪70年代，乌拉特后旗建旗伊始，处于守边固防的重要地理位置。工业经济主要靠畜产品等轻工业和小手工业。进入21世纪，乌拉特后旗委、旗政府在认真审视旗情的基础上，解放思想，更新观念，与时俱进，积极改善投资环境，进一步优化资源配置，加快调整经济结构，率先从引领全旗工业经济发展的获各琦铜矿、炭窑口和东升庙硫铁矿三大矿山企业入手进行转制和重组。

明确目标，发挥优势，使潜在的资源优势转变为现实的经济优势。乌拉特后旗以新型工业化和可持续发展为导向，坚定不移走整合资源、优化配置、创新精品、发展高附加值的采、选、冶、加为一体

青山工业园区

的循环经济之路。

随着工业经济转型发展，乌拉特后旗经济发展实现了由资源粗放型到资源节约型的可持续发展的转变。在资源利用质量和效益最大化的基础上，不断加大技术改造和创新力度，提高资源转化精细化加工水平和附加值，全旗工业经济对财政的贡献率达到了80%以上。

全旗有色金属资源采选能力和冶炼能力分别达到了1000万吨和30万吨以上，实现了有色金属资源综合利用的最大化，走上了可持续发展的道路。与此同时，充分利用得天独厚的风能和太阳能资源，风电装机容量达到85万千瓦，光伏发电

260兆瓦，位居巴彦淖尔市第一。

坚持教育优先发展
办好人民满意的教育

进入21世纪以来，乌拉特后旗教育迎来了良好的发展机遇，学校布局整体优化，办学条件进一步改善。面对新的发展契机，乌拉特后旗教育事业在继续深化教育教学改革，促进教育公平的道路上率先通过国家义务教育均衡发展评估验收，走上"大踏步、全方位、高层次、重特色、强素质、提质量、全免费、惠民生"的强教兴旗之路。

重视民族教育发展，不断加大对民族教育的投入，改善办学条件，提高办学效益。乌拉特后旗投

馆、塑胶操场。投资5700万元的第三完全小学建成并投入使用。投入1120万元为中小学更新计算机627台，配齐多媒体教学设备105套，建成录播教室1个，购置视频189台，更换了寄宿生床铺、更衣柜，为中心小学校更换厨房煤气灶具，补充和更新了理化、生物、数学、科学实验仪器设备，音、体、美、卫教学仪器及图书及心理咨询室器材。为全旗685名专职教师配备教学用的笔记本电脑。全旗中小学办学条件均达到内蒙古自治区的办学标准。

全面实施学前教育三年行动计划，重视特殊教育。乌拉特后旗加快幼儿园建设步伐，扩大学前教育规模，推进示范化、特色化幼儿园建设，按照"公益性、普惠性、全覆盖、保基本"的原则，规范公办、民办幼儿园的办学行为。努力构建覆盖城乡、布局合理的学前教育公共服务体系。全旗现有公办幼儿园4所、民办幼儿园4所，从根本上解决了入园难、上好园难的问题。民族幼儿园被评为内蒙古自治区级示范园。同时，大力扶持民办幼儿园，积极争取中央、内蒙古自治区民办幼儿园的财政扶持专项资金，为民办幼儿园建设的标准化、规模化奠定了基础。重视特殊教育，与巴彦淖尔市特殊教育学校联

资7600万元，建成集学前教育、义务教育、高中教育于一体的民族教育园区，实现了民族教育优质资源共享。每年安排民族教育专项基金50万元、民族特色体育项目资金6万元，大力推进"双语、三语"教学改革，注重培养学生特长，促进学生全面发展，在射箭、摔跤、蒙古象棋、马头琴、雕塑、绘画等民族特色传承教育中形成了独特的办学模式。

着力改善办学条件，进行中小学标准化、现代化建设。乌拉特后旗投资9519万元用于义务教育学校基础设施建设。新建呼和中心校、一完小塑胶操场，民族园区体育

民族教育园区

合，为有接受能力但不能到校的5名重度残疾儿童提供送教上门服务，实现了学前和义务教育阶段残疾儿童教育的全覆盖。

义务教育均衡发展，乌拉特后旗新建蓝天小学和呼和中心学校，并对其他中小学教学楼进行改造，配备多媒体教学设备及理化生实验室，为潮格温都尔镇中心校配套塑胶操场、食堂、室内活动室。以上举措切实解决了学校班容量大、食宿条件差、公共设施配套不到位、寄宿制学生服务

标准化不够的问题。义务教育和高中教育教学全部实现了"班班通"和远程教育服务全覆盖，为建立以学生为中心的课堂教学模式奠定了基础。

关爱留守儿童。乌拉特后旗出台了《关于农村牧区留守儿童关爱服务体系工作实施方案》《农村牧区留守儿童动态监测机制的方案》，乌拉特后旗妇联和学校联合开展"周末妈妈""周末爸爸""爱心妈妈"等活动，民族教育幼儿园自建了"留守儿童"家园。

高中教育实现优质化、多样化、特色化发展。乌拉特后旗不断深化课堂教学改革，促进教育教学质量提升。在优质生源流失较大的形势下，教学质量稳步提升，高考上线率大幅度提升。

乌拉特后旗采用城乡一体化、强弱结对的教学模式，形成了旗、镇两级帮扶支教形式和市级优秀教师送教下乡的帮教体制，实现了优质学校带动薄弱学校发展的结对共建、教学互动、师资交流、教研并举、资源共享、均衡发展，城乡教育教学质量显著提升。

开展教师培训，稳定师资队伍。乌拉特后旗高薪招聘教师到初高中、小学、幼儿园任教，按计划派教师、校长参加"国培计划"，以"走出去、请进来"的方式开展

蒙古族幼儿园

中蒙两国中学生足球友谊赛

教师培训，提高教师的业务水平。

　　落实教师待遇，营造尊师重教的社会氛围。一是教职工购房，政府给予每位教师5万元的贴息贷款，每平方米补助100元的优惠政策。二是全面完善绩效工资制度，提高班主任津贴、优秀骨干教师补贴。为106名偏远艰苦地区教师每月发放艰苦地区补贴500元、支教教师生活补贴1000元。组织教师免费体检，全

乌拉特后旗第一中学

额兑现教师职称工资，为教师提供周转宿舍，切实改善教师的工作和生活条件。

合理的学校布局，优秀的校园环境，一流的基础设施建设，配套齐全的教学设施设备，爱岗敬业的师资队伍，全民办教育的浓厚氛围，深厚的民族文化底蕴，自强不息的乌拉特之魂，推动乌拉特后旗教育事业不断迈上新的发展征程，迎接辉煌的明天。

民族医疗卫生事业蓬勃发展

乌拉特后旗加快医疗卫生事业发展，提高人民群众健康水平，民族医疗卫生事业在困境中不断创新发展。

基本医疗保障体系全覆盖。深化医疗卫生体制改革，扩大医疗保障覆盖面，提高医疗保障和重大疾病、生活困难群体保障标准，提升保障水平。截至2015年末，全旗城镇职工、居民基本医疗保险参保人数达到33077人，新农合参保人数23464人，参保率达到99%。农牧民合作医疗保险补助标准提高到每人每年575元，新农合住院报销比例提高到62.4%，封顶线由最初的1.5万元提高到20万元，农牧民住院医药负担逐年减轻，因病致贫的问题从根本上得到了解决。

全旗苏木镇卫生院、嘎查村卫生室全部配备基本药物，实行零差价销售，对边远牧区定期派出流动医疗服务车和专业医师、技师进行上门服务和会诊。用爱民固边直通

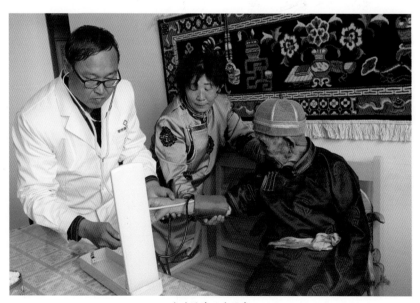

流动医疗卫生服务

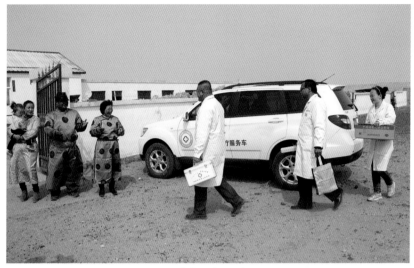

小药箱送到牧民家

车将重大疾病患者接到旗医疗服务中心进行救治。

公共医疗服务体系进一步完善。乌拉特后旗政府迁址后，在全旗财政资金十分困难的情况下，全力保障医疗卫生资金足额到位，上级专项资金及时拨付，全部用于苏木镇、嘎查村医疗服务体系建设。投资6600万元新建了乌拉特后旗医院和乌拉特后旗蒙医院住院楼，购置了核磁等大型医疗设备，全旗医疗服务水平逐年提升。不断加大对全旗卫技人员和苏木镇嘎查村医生和医护人员的培训力度，为其提供到内蒙古自治区、巴彦淖尔市医疗机构脱岗进修学习的机会。乌拉特后旗医院由巴彦淖尔市人民医院托管，巴彦淖尔市人民医院定期派专家到乌拉特后旗医院坐诊。乌拉特后旗蒙医院和内蒙古国际蒙医医院协作，开展蒙药制剂和富有特点的蒙医药研究和特色治疗。医护人员待遇由原来的工资差额补贴改为旗财政全额负担，彻底解除了医护人员的后顾之忧。全面实施以全科医生为重点的卫生人才招聘并向基层倾斜计划，基本上解决了医护人员短缺的问题。

创新医疗服务模式，不断提高医疗质量。通过相互学习交流，已建立起一支有特长、专业化、重医德、医术高超的医疗人才队伍。一切以人民健康为目标，坚持整合资源，创新管理模式，全旗整体医疗服务水平达到了新的高度。

多姿多彩的乌拉特民族文化

文化是一个民族生生不息的力量源泉，乌拉特文化是乌拉特后旗人民自强不息、顽强拼搏、开拓创新的精神动力。乌拉特后旗人民用自己的聪明才智、勤劳朴实赢得了"能工巧匠"的殊荣，"能工巧匠"是谱写壮丽篇章的精神动力，是引领乌拉特后旗人民不断追求、奋进的不懈动力。

乌拉特后旗建旗40多年来，始终把文化建设、发展、传承，塑造、引领、弘扬作为重要内容，探索创新，丰富内涵，形成了自成体系、成果丰硕的民族文化新格局。

一是把建设民族文化旗作为特色品牌精心打造，以加快乌拉特民族文化建设为目标，以繁荣传承乌拉特民族文化为引领，大力弘扬民族文化、岩刻文化、蒙古族传统文化、蒙元文化、敖包文化、红驼文化、旗域文化，弘扬主旋律，传播

正能量。二是加强民族文化基础设施建设，新建了文化大楼、会展中心、博物馆、图书馆、文化馆、嘎查村图书室、那达慕体育场、呼格吉乐公园、职工文化活动中心、休闲娱乐广场等公共文化体育活动场馆，各种文化服务项目布局合理、设施齐备。乌拉特后旗博物馆是内蒙古自治区西部规模、馆藏文物、建筑风格独特的典范之一。苏木镇文化站、村嘎查文化室、草原书屋、爱心书屋、流动文化服务车等星罗棋布，已成为基层群众感受乌拉特民族文化魅力，体验民族文化风情，感悟民族文化内涵，传承中华美德、社会公德的重要场所。

乌拉特后旗民族文化促进会成立后，不断挖掘传承民族文化，研

社区阅览室

文化下乡

讨交流乌拉特文化的精髓，总结出"自强、诚信、和谐、腾飞"的乌拉特后旗精神。充满民族特色的那达慕体育广场不仅为乌拉特后旗城区和巴彦淖尔市的后花园增添了一道亮丽的风景线，也为居民休闲、娱乐、健身、大型体育赛事提供了宽敞、舒适的好场所。

乌拉特民族文化创作充满了浓郁的时代气息和民族特色，集观赏

查干乌林社区

性、艺术性、思想性于一体。《乌拉特婚礼》《乌拉特情怀》《神奇的乌拉特》《乌拉特民间故事》《乌拉特戈壁》《乌拉特民间歌曲》《乌拉特民间祝赞词》《乌拉特民间英雄史诗》《乌拉特民间谚语》等图书受到广大读者的好评，引起了各界的共鸣。特别是《乌拉特婚礼》的整理出版、记录拍摄及排练演出，凝聚了乌拉特后旗人民的智慧，讴歌了乌拉特民族能歌善舞、热爱生活、向往未来的民族情怀，是乌拉特非物质文化的瑰宝。

文化进社区、嘎查村，祭敖包、那达慕、国际驼球赛、戈壁红驼赛等公益文化活动的开展，丰富了群众的精神文化生活，特别是牧

全民健身活动中心

民自办的家庭那达慕，成为基层文化活动的亮点。

月月有活动、节日有演出，场场有亮点、赛事有激情，这是乌拉特后旗民族文化活动的真实写照。乌兰牧骑下乡演出，广场文艺活动，篮球、乒乓球、老年门球、羽毛球、广场舞、健身操、蒙古象棋、射箭等体育比赛活动，书法、绘画、民族手工艺、摄影作品展览、书画讲座等展示活动，特别是一年一度的潮格温都尔敖包祭祀节、汽车越野拉力赛、国际驼球赛，成为展示和宣传乌拉特后旗民族文化的重要平台。

文化引领繁荣，精神凝聚动力。今天的乌拉特后旗正以崭新的姿态、昂扬的斗志、锐意进取的胆识、能工巧匠的智慧，举全旗之力向建设民族文化强旗的目标迈进。

追梦草原
——旅游产业冉冉升起

走进乌拉特后旗，巍峨雄壮的阴山山脉，气势恢宏、奇骏妙丽；浩瀚无垠的戈壁沙漠，驼铃悠扬、响沙轰鸣；蜿蜒起伏的赵汉长城，雄风犹在、幽深沧桑；美轮美奂的阴山岩画，惟妙惟肖、举世罕见。蓝天白云下，大峡谷、大草原、大戈壁，直逼苍穹，情韵雄浑，使人仿佛置身于神秘、奇特、美丽的远古部落。

独特的地理区位优势和深厚的历史文化底蕴，使乌拉特后旗成为

249

巴彦淖尔市旅游的核心区域，乌拉特后旗被誉为"最后一块伸向天边的旅游处女地"。

近年来，乌拉特后旗积极整合旅游资源，制定了《关于加快全旗旅游业发展的意见》，每年安排旅游产业发展专项基金200万元，滚存使用，并根据旅游业发展情况逐年增加。成立旅游业投资有限公司，加快旅游业基础设施和配套服务设施建设，提升全域旅游品质，促进旅游与民族文化的融合发展。按照"完善旅游功能、凸显特色、提升品位、优化环境、以全域旅游+ND"的发展模式加快项目建设，推动旅游业多样化发展，打造独具地方民族特色的旅游观光经济带。

乌拉特后旗被誉为"戈壁红驼之乡""中国速度驼之乡""中国驼球之乡"，中国第一支驼球队就诞生在这里，多次代表中国参加蒙古国的驼球邀请赛。驼球赛已成为乌拉特后旗的品牌赛事，更是民族体育的特色项目。草原那达慕大会上，赛马、套马、赛驼、搏克等竞技运动也是蒙古族的拿手好戏。乌拉特后旗地域辽阔，地形多样。巍巍阴山横贯东西，山地旅游自驾观光游具有自由化、个性化、灵活化的特点，春野采青、夏享草原、秋高云淡、冬日赏雪，是探索大自然

的一种最理想的方式。天然的赛场上，荒芜的草原、复杂的地形和不可预见的艰险、残酷，这里是对车手的耐力和赛车技术进行全面考验的战场。

每年，乌拉特后旗都要举办巴音温都尔沙漠越野拉力赛（巴音温都尔，蒙古语，意为"富饶的高地"）。比赛线路以巴音温都尔沙漠为中心，路线多样，具有达喀尔拉力赛的"魔力"。魔力一：冒险与互助，路况不可预知。魔力

二：中国越野赛事中距离最长、地形最为复杂的比赛。魔力三：人与自然之美，比赛途经阴山、河床、戈壁、草原，可以尽情去"兜风"——探险旅游、考古旅游、休闲旅游、生态旅游，让人更加随心所欲、自由自在。

越野拉力赛（一）

为了推动全域旅游又好又快发展，把旅游业培育成为乌拉特后旗经济社会发展的新兴支柱产业和人民群众更加满意的现代服务业，乌拉特后旗提出了"旅游文化活旗"的发展思路，加快推进旅游资源向旅游产品转变、观光型旅游向休闲度假型旅游转变、常规型旅游向文化深度游转变，满足多样化、多层次的旅游消费需求。为此，乌拉特

整装待发

吉祥草原

千骏驰骋

夏日沙顶湖

欢迎来到乌拉特后旗

后旗大力实施精品和特色战略，突出抓好旅游精品线路、精品景区、重点区域及重大项目建设。依托地质景观、历史民俗文化，打造历史文化游、草原生态观光游、体育赛事游、禅学养生游、研学康体游、乡村民俗游、体验度假游七大类旅游产品体系，加快打造匈奴城、巴

音善岱庙、宝日汗度假区、本巴图大本营、蒙古风情园等旅游景区。设计精品旅游线路，促进戈壁风景区、乌拉特文化体验区、古迹探险区等区域及体育赛事的发展，全面提升乌拉特后旗的旅游核心竞争力，努力创建旅游强旗。

后 记

　　《话说内蒙古·乌拉特后旗》历时两年多编撰，就要公开出版发行了。这本书的问世，不仅是作者本人努力的结果，而且凝结了许多人的心血。在此，首先感谢内蒙古人民出版社田建群主任、南丁老师、朝克泰老师多次亲临指导，提出了许多中肯有益的建议和意见，为此书倾注了大量的心血。编辑老师们费心尽力地审阅、编辑，付出了艰辛的劳动。

　　乌拉特后旗委、旗政府十分重视《话说内蒙古·乌拉特后旗》的编撰工作，提供了诸多便利的工作条件。乌拉特后旗委宣传部更是精心组织，多次召开专题会议，确定编撰人员，研究所选内容、篇章结构，确保了书稿的质量。

　　全书共分七章，由窦永刚、李亚歧、陈满宏、赵维健、辛建伟编写，赵维健汇编定稿。在成书过程中，杨冬青、嘎茹迪、刘尚峰、格更塔娜、孙慧、麻超等同志承担了打印、资料、图片搜集等繁重的工作，在此一并对上述同志致以深深的谢意。

　　由于篇幅有限，《话说内蒙古·乌拉特后旗》还不能全面反映乌拉特后旗的历史、文化及经济社会发展的全部内容，更由于编撰人员水平有限，难免有诸多差错和失误之处，敬请读者赐教。

编者

2016 年 12 月